麦田阳光

美丽乡村助读书系

乡村助读，让中国的乡村
从风景到精神愈加美丽。

麦田 阳光

美丽乡村助读书系

乡村助读，让中国的乡村
从风景到精神愈加美丽。

少年时遇见你

SHAONIAN SHI YUJIAN NI

高洪波 顾问 陈彦玲 主编

蒋殊 著

山西出版传媒集团 山西教育出版社

图书在版编目（CIP）数据

少年时遇见你 / 蒋殊著. — 太原 : 山西教育出版社，2021.6

（“阳光麦田”系列 / 陈彦玲主编）

ISBN 978-7-5703-1432-4

Ⅰ. ①少… Ⅱ. ①蒋… Ⅲ. ①中国文学—当代文学—作品综合集 Ⅳ. ①I217.2

中国版本图书馆 CIP 数据核字（2021）第 009680 号

少年时遇见你

SHAONIAN SHI YUJIAN NI

出 版 人	李 飞
选题策划	李梦燕
责任编辑	李梦燕
复 审	海晓丽
终 审	康 健
装帧设计	王春声 薛 菲
印装监制	蔡 洁
出版发行	山西出版传媒集团·山西教育出版社 （太原市水西门街馒头巷 7 号 电话：0351-4729801 邮编：030002）
印 装	山西基因包装印刷科技股份有限公司
开 本	890×1240 1/32
印 张	5.5
字 数	84 千字
版 次	2021 年 6 月第 1 版 2021 年 6 月山西第 1 次印刷
书 号	ISBN 978-7-5703-1432-4
定 价	25.00 元

根植乡野，眺望远方（代序）

李东华

把“美丽乡村助读书系”做成精品，为新时代新乡村新少年的成长助力，这个美好心愿，把出版者、策划人、作家、编辑聚集在一起，大家郑重其事地播下种子，然后怀着庄重而又快乐的心情，等待所有努力慢慢发芽。

我曾经有幸数次参加“我的书屋我的梦”乡村少年儿童阅读实践活动征文的评审工作，印象最深的就是2019年。面对从海量征文中初选出的近千篇作品，我油然而生一种“一夜好风吹，新花一万枝”的惊艳感。按照评委会要求，终评委们需要优中选优，再从中挑出几十篇最终获奖文章，这可让我犯了选择困难症，因为每一篇都像枝头迎着东风初绽的花朵，各有各的姿态，各有各的鲜妍，共同构成了蓬勃的春天，哪一朵都可爱得叫人不忍心舍弃。

但我想，我的这种“纠结”是一种喜滋滋的纠结——让人一下子就能感觉到，无论大江南北，全国各地乡村的孩子们，并不是仅仅某一地因为水土适宜而长势良好，而是齐刷刷地在拔节成长。这算是从空间这个维度的横向比较。再沿着时间轴纵向来看，我们可以清晰地感受到这几年的征文质量一年比一年高。从这些或长或短的文章中可以看出，孩子们的阅读内容越来越丰富了，小说、童话、诗歌，科幻、军事、历史、天文、地理……不同体裁不同领域，不论古今中外，凡属人类留下的智慧结晶，都在他们尚属稚嫩却又充满好奇的目光之内，都留下了他们求知和探索的小小脚印。

我想，也正是因为阅读的广博，让他们不管是生长于哪片偏僻的乡野，都能够从浩瀚的书海中汲取无穷无尽的滋养，获得世界性的视野。你能够从字里行间捕捉到一种“初生牛犊不怕虎”的淋漓元气，一种与周围世界、与他人、与自我对话时落落大方的自信表情，一种对祖国、对人类、对万事万物的真挚的爱。而这一切的呈现，又依赖于他们对于语言文字的日渐流畅的、自如的运用。

俗话说“熟读唐诗三百首，不会写诗也会吟”，阅读对于一个人写作能力的反哺，是这些征文给予我的第一个鲜明印象。

那些已初步呈现出汉语言之美的遣词造句，那些灵动的、智慧的表达，那些对于生活细节的敏锐、精准的描摹，那些既充满孩子气又闪耀着思想光芒的惊人之语，都无不让人生发“后生可畏”的赞叹。

所以说，尽管摆在眼前的是一篇篇无言的征文，却分明让人看到了征文背后所站立的那一个个活泼泼的、天真烂漫的孩子，看到了新时代乡村少年儿童因阅读的积累而敢于讲述的不一样的“中国故事”。

对于孩子和国家、民族的关系，已经有很多精辟的认识和论述。“孩子是祖国的花朵”，“孩子是民族的未来”，“少年强则中国强”。然而，如果希望孩子们能撑起国家的明天，他们首先要撑起自己的明天，而阅读则是他们撬动未来命运的支点。“忠厚传家久，诗书继世长”，这是在中国乡间最常见的对联，一代又一代的人家将它贴在大门上，可见在我们民族的潜意识中，书籍和人品是支撑一个国、一个家千秋万代延续下去的两根最坚实的立柱。将这样的对联贴在家门上，贴在最显眼的地方，就是在每时每刻提醒每一个人。我想这是一个有着五千年璀璨文明的民族最智慧的共识。而要把这一共识真正落到实处，最需要着力的地方就是乡村了。

相比于有父母督促而阅读环境更优越的都市孩子来说，乡村孩子的阅读可能更需要政府、社会的引领，尤其是数千万父母不在身边的留守儿童，阅读既是他们获取知识的有效途径，更是滋养他们心灵的精神引领。

我常常想，一个人需要有自己的书柜，一个家庭需要有自己的书房，一个城市需要有自己的公共图书馆，那么一个乡村，当然更需要有自己的书屋。

阅读“‘阳光麦田’美丽乡村助读书系”这套小书，对孩子们来说，能够得到的是思想和精神上潜移默化的熏陶和滋养。而持续地写作、出版一些适合乡村孩子阅读的好书，让这些书在助力乡村少年儿童阅读方面发挥作用，无疑是功在当代，利在千秋的事业——我们不妨来个小小的假设，全国有六十多万个乡村，假设每个乡村书屋中的书籍，能够像投入湖心的石子，哪怕只在十个孩子的心中荡起涟漪，那么全国就会有六百多万个乡村孩子从阅读中受益。

美丽乡村既要实现生态意义上的“绿水青山”，也要构建精神层面的“绿水青山”，从这个意义上讲，用优质图书和阅读协助、帮助、辅助乡村阅读，繁荣乡村文化，是建设美丽乡村的有效路径。

面对这些适合乡村少年儿童阅读的文字，我似乎可以看到，未来的他们，因今天的阅读引领而描绘出自己的梦和憧憬。

这些梦，将根植于他们生活的山乡旷野，更将呼应着远方的星辰大海。

目 录

柏树的心愿

题记

树参天，树沉默，树早已没了树的颜色，树只剩下一个称为树的躯壳。

一只耳朵，一元钱，一个女孩。

她轻轻趴在上面，柔声细语。

旁若无人的世界。她说什么？一份好成绩？一个自由的童年？一件心爱的礼物？孩子的愿望，纯真的心。

那是在河南省周口市的太昊陵，伏羲帝陵寝前。太昊陵是“三皇之首”太昊伏羲氏的陵庙，中国十八大名陵之一。陵内，有一棵距今近千年的宋代柏树，似乎天生带着一只“耳朵”。耳朵只有一只，因此只进不出，引来无数游客将心愿向它倾吐。遇到庙会与节假日时，柏树前会排起长长的队伍。人们相信，这只耳朵是用来倾听羲皇子孙心声的。向它诉下的心愿，必将如愿以偿。

于是，一个一个，一批一批，一拨一拨；从东，从西，从南，从北，人们蜂拥而至，带着满腹心事，带着满腔心愿。

耳朵的容量，好大啊。装了逾越千年的心愿。

可是，倾诉的人忘了抬头：耳朵，长在一棵树上。

树参天，树沉默，树早已没了树的颜色，树只剩下一个称为树的躯壳。

是的，树，死了。

这棵树，挨着伏羲的陵寝，初始是为了陪伴与守护太昊伏羲氏的。当年，伏羲惊喜地看着这些树，由一株株小苗成长为少年，再由青年到壮年。风来，雨去，他们轻声抚慰，携手度过一个个黑夜，迎来一个个黎明。时代在变，人在变，唯有树的生长姿势不变，直射苍穹，不折不挠。然而不管树长多高，年轮增加多少，彼此始终不离不弃，信守初始约定，共看历史变迁。

树是柏树。据希腊神话记载，一个名叫赛帕里西亚斯的少年，爱好骑马和狩猎。在一次狩猎时，他不小心将一只神鹿射死，为此他悲痛欲绝，想以死谢罪。但爱神厄洛斯建议众神，把赛帕里西亚斯变成柏树，让他终身陪伴神鹿。柏树，正是从少年的名字演变而来，也成了长寿不朽的象征。

时空跨越，少年来到太昊陵前。

可是，在这里，不朽未能兑现。

少年忧伤而死。

纵马驰骋的少年啊，死得极其不甘，却无声无息。人们的心，都沉浸在耳朵里，沉浸在越来越旺的香火里。

雄伟厚重的太昊陵庙，以伏羲先天八卦数理兴建，是中国帝王陵庙大规模宫殿式古建筑群之孤例。也因此，人文始祖祭祀活动绵延千年历久不衰。每年的农历二月初二到三月初三，世界各地的几百万人拥到这里，朝圣伏羲。而农历每月初一、十五也都有盛大的祭祀活动。据说，多时游客人数日可达数十万。2008年一次庙会，单日参拜人数竟达到82.5万，被上海大世界吉尼斯总部载入吉尼斯世界纪录。

稠密的人群，手持火焰，奔伏羲而来，奔一只耳朵而来。

跳跃的火苗，欢愉的香火，袅袅向上，逼近树。

向上的燃烧，入地的心愿。

树猛烈咳嗽，伏羲心痛不已。

只有伏羲，能听到树的呻吟，看到树的挣扎。他也曾替这些树呐喊，他也曾呼来风，唤来雨。可是，浇灭一批，又燃起一丛；吹走一束，又生起一缕。

生生不息。

这人类文明的始祖，可以始造文字创立八卦，却发明不出一味治愈树的药；这“三皇之首”的大帝，可以变革婚姻习俗，可以将其统治的地域分而治之，还可以满足今天无数人的愿望，独拯救不了一棵树。

树的死亡过程，是漫长的。由小病到重症，树叶由绿泛黄，由黄成枯。

人，便突然在一个春天看不到树发芽。

树死了，香火依然旺。

树死了，耳朵还有灵魂吗？它是不是只是一个张开的姿势呢？正如它依附的树，依旧保持参天的挺立？

我们去的那天，不是任何节日，然而香火依然持续燃烧着。

执着的人们，或默默焚香，或虔诚跪拜，或轻言细语。

每个靠近耳朵的人，都有一肚子说不完的话。后面的人便耐心候着，把那些小心愿，在心里翻过来调过去；把一个个好前景，在脑中描画来描绘去。

许多人在无聊中抬头望天，便望到蓝天白云中的枯枝。有人说，枯树伸展在天空，别有风味。于是存下这画面，晒在一个又一个朋友圈。拍摄者觉得好美，欣赏者争相点赞。树，以牺牲者的壮烈形象，继续扮美人间。

美国前国务卿基辛格博士曾在参观天坛时说："天坛的建筑很美，我们可以学你们照样修一个，但这里美丽的古柏，我们就毫无办法得到了。"

可是，这美丽的古柏，这"活的文物"，死了。

人们看到树死了。可是，人们只说了一句：树死了。

树死了，死在人们一个个虔诚的心愿里。

虔诚的心并未停止，一颗颗继续站在死去的树前。

要走了，也去给耳朵倾诉一个心愿：

可不可以，不要火焰？

别样春天

题记

他的花季，依然在灿烂而夺目地绽放，并让我的这个春天更加别样……

那天，等待一个活动开幕时，无聊中走进一门之隔的艺术书店。透过那扇大大的落地玻璃门清楚地看到，活动现场一切就绪，场面宏大，艺术氛围浓厚。就连每个宾客的椅背上，都分别插了一支含苞待放的百合。那香味甚至透过门缝，跟着人流钻进这个书店，幽幽地发散。正面大门外，一簇一簇的花儿迎风怒放，一群一群很艺术很文艺的男人女人相继前来。

花儿，笑脸，美丽，艺术，青春……到处都赏心悦目，让人忍不住要大声赞美这个春天。

突然，迎面碰到他。

两秒钟不到，我急忙移开眼睛。因为，他是一位严重的烧伤患者。不是因为他与这个现场极不和谐，而是一直觉得，对于身体有残疾的人，最尊重他们的方式就是不去特意看他们。

甚至对于前面那不到两秒钟视线在他脸上的停留，也深感后悔。

怕自己那一瞬间眼睛里流露出的一丝惊异，伤害了他。

我像做错事一般，不再关注门外那片荡漾的花海，木木地向着一个角落走去，选了一个安静的空间坐下来，平静自己的内心。

没想到仅仅过了一两分钟，对面传来一位男士的声音：这里有人吗?

我抬头，大吃一惊。这男士不是别人，正是刚才我刻意避过的烧伤患者。由于内心的不淡定，我的回答竟有些慌乱：没，没人。

答完，我快速低下头，装作若无其事地翻看着手里的杂志。

怎能看进去?!

余光发现，他两只手举在胸前，上下移动着做一些动作。我想，他在干吗？我努力不去管他，可总觉得他的动作不太对劲，莫非，是在拍照吗？拍我？他这样一个人，可以大着胆子主动与我讲话，可以若无其事坐在我对面，会不会，不仅仅是外表被烧伤呢？这样怀疑的时候，我猛然抬头，望向他。我相信那一刻我的眼神完全没有了方才的不安与善良。于是他突然把双手放下。这过程中，我看清了，他的两只手烧伤程度较脸部更加严重，已经完全变形向后深弯着。

眼神一下子竟收不回来，呆呆定了许久。

这样的两只手，注定是什么都不能做了。不用说拍照，就连吃饭穿衣，也是不能够的。

那么刚才，他或许是哪里痒了，用两只手背在帮忙？

我一边骂自己多疑愚蠢，一边又迅速低头，一张脸阵阵发烫。

没想到他大方地问：你，也是来参加外面的活动吗？

我像得到赦免一般，抬头努力笑着回他：是的，是的。

其实很想与他聊聊，可不知为什么，总是不敢畅快地与他对话，只能那么被动地，问一句答一声。因为一说多了，就必然要多看他，而每多看他一秒，于我而言就是对他的不尊重。

生怕，伤害了他。

可是，我这样闪烁其词的态度，他会不会有顾虑？会不会觉得是我不愿意与他讲话？果然，他起身，但经过我身边时又停下来：这样的活动，真好！

“嗯，挺好！”这一次，我没有快速从他脸上移开目光。我甚至有些认真地看了他的脸，他的眼睛、鼻子都因烧伤而变形了，下巴也与脖子上部分粘连在一起，皮肤更是红红的，分布着一片一片的疤痕。与他说话的时候，我努力平静地微笑着，像面对一位朋友。

他笑了，边与我聊着，眼睛边往书架上看那些书。有时候，他会在某一本书上停留很久。可是，他的手，不可能把书从书架上取下来，更不可能去翻看里面任何一页的内容。

有好几次，我想开口问他：需要帮忙吗？

好几次，我又咽了回去。

我期待，他开口，请我帮忙。

可是他没有，就那样用眼睛扫过一本书一本书的封面，从上到下，从左到右。

突然觉得，他一定是个热爱艺术的人，否则的话不可能专门跑到这样一个专业的场所来。或者，他烧伤前就是一位艺术家，与门外那些英俊潇洒的男人女人一样。他的双手，或许曾经创作过许多漂亮的作品？

这样想着的时候，我便大着胆子在背后观察起他的手来。他的两只胳膊垂在身体两侧，两只手清清楚楚地朝向我。

然而还是不能。看一眼，眼睛就要不自觉地逃开。我还是承受不了内心那种无以言说的疼痛。

旁边，有人在大声谈着生活，命运。

他不受任何干扰，始终专注地扫视着那些花花绿绿的书籍。

他穿戴整齐，于是我又想象他背后那个女人。这样自信而整齐的一个男人，身后一定有一个整洁善良的女人。她真好，我在心里说。

我相信，他刚刚烧伤的时候断不是这个样子，尤其是，他好好的一双手突然失去了功能，这对一个人来说该是怎样的痛苦？那场突如其来的大火是什么样？他的两只手，当时正在做着什么？他挣扎了多久，才修炼到今天这般平静？

这个男人，好高大。而我，之前的举动多么渺小。

我忘了，我的种种举动，其实是以尊重的名义在回避。而有时候，刻意回避也是一种伤害。

在他强大的气场面前，我的心平静下来。

外面传来主持人要求嘉宾就位的声音。这一次，我主动起身，向他打招呼：开始了，我先出去。

他也急忙从书架上收回目光：我也出去看看。

坐在那里，心思却已经全然不在这个隆重而热烈的活动上。我环顾周围，却再也没有看到他那张模糊却极其清晰的脸。只在心里一遍一遍，想象着他曾经的花开季，想象他曾经拥有过的那些个明媚春天。

然而或许，我又错了。他的花季，依然在灿烂而夺目地绽放，并让我的这个春天更加别样……

不可能有一只羊对我有记忆

题记

说不上要看什么，大多时候，是琢磨它们为什么会那么圆，那么干燥光滑。我甚至想，羊们，不拉肚子吗？

“不要！”一把屠刀砍向一只羊时，我忍不住喊了出来。

我知道，那只待宰的羔羊让我想到那群羊，尽管，我们不做邻居多年了。

小时候，我家院子下边就是羊圈，就在进出院子唯一的一条路边。

尽管味道着实不怎么样，但人们也见怪不怪。白天的时候，羊圈空空，敞着门。所有的味道，都悠闲地向外散发。到了黄昏，或许会赶上我放学回家，羊们便在羊倌轮子的带领下和我挤在同一条道上。

我不知道羊们进圈是不是和人回家一样充满期待和亲切。曾问过奶奶：里面那么臭，它们不难受?

奶奶笑：那是它们的味道，怎会难受。

于是我常常站定，看它们进圈。

轮子的羊鞭，结结实实抽在脚下的小道上，姿态潇洒，响彻云霄。他是村里的光棍汉，邋里邋遢，然而甩鞭那一刻，却出奇的华丽，常引得小伙伴们尤其是男孩驻足围观，眼神里，溢满羡慕。我很担心他会随意抽在羊身上。我知道羊不会生气，更不会像狗那样叫。甚至于牛，都有很大的脾气。一次放学路上，无聊至极的我跟在一头牛身后，不停揪它尾巴，如此反复之后，牛终于怒了。真的，我从未见过牛发怒，我心中的牛一直是勤勤恳恳、埋头耕作的“老黄牛”形象，怎知它发起威来能把一个孩子吓死。那一次，牛忽然转身，两只后蹄一缩，做跳起状，头一低，举着两只牛角向我冲过来。

"妈呀——"我响亮的惨叫引起了放牛人的关注。他一个箭步冲过来，把我推开。牛扑了空，然而它不甘心，竟又折回来，冲向倒在地上大哭的我。又是放牛人，死命用手抓住牛的两只角。我就那么惊愕地看着他被牛角挑起后，在半空仍大骂"畜生"。我边哭边担心这个畜生把放牛人甩出去，然而不知它最终是害怕了还是念及主人多年的恩情，轻轻把他放下。

此后，我再不敢轻易接近牛，更不敢招惹牛。

羊不会，羊完全没有脾气。羊的所有喜怒哀乐，都在一声"咩——"里。因此与羊为邻那么多年，我从不知道羊的悲喜。

羊会没有悲喜?

我不信。至少，人们在宰杀它时，它是痛苦的。那么多年我没见过杀羊，然而我知道，即使在那样的生死关头，它们也只是发出几声无力的"咩——"。或许，语调不同？遗憾我那时候并没有想过这个问题，更没有认真去听过，它们是不是在不同的情境下声音也是不同的。

可是，这不能怪我。杀羊那么血腥的事，怎么可能让一个孩子在跟前看着呢？不用说于我而言是不敢也不忍的，即便是淘气的男孩子要近前，大人们也总是一把拖开。我于是常常想不通大人们，一边无情地残害这些生命，一边却怕一个孩子的心灵为此留下阴影。

他们的心，到底是好还是坏？

关在羊圈里那些羊，大约有几十只吧。它们每天结伴出行，结伴归来。我没研究过是不是真有领头羊，只以为这些羊全这么乖顺是轮子的功劳。很长一段时间，我羡慕他手中高高举起的羊鞭。

“啪——”那种声音，真是太清脆了，绝对可以划破长空。

那时候，我实在太小了。那些羊用来出售还是做什么，那些羊的数量有没有增减，我一点不清楚。因为羊身上总是很脏，无数次与它们擦肩而过，我却从未尝试摸过它们，甚至每一次都掩着鼻子远远躲开，以示我对羊的不屑。

那些羊粪蛋儿，太多了，一路上，尽量躲着还是会踩在脚上。好在，我并不讨厌羊粪蛋儿，它们光滑的外表，甚至很可爱，很漂亮。老人们损一个人，时常会说“羊粪蛋儿，外面光”，我们都知道，那一定是骂这个人并不是真正的干净利索人，只是外表收拾得像模像样罢了。

有时候，奶奶会拿一个扫帚，一个筐，一路拾拣那些羊粪。奶奶把满筐的羊粪放在院子里的时候，我会偶尔过去盯了看。说不上要看什么，大多时候，是琢磨它们为什么会那么圆，那么干燥光滑。我甚至想，羊们，不拉肚子吗？

这话也问过，奶奶叔叔们便大笑。或许，他们也答不上来。他们每一天都有那么多事可做，谁会关注羊呢？

有时，我也拣一些羊粪，把它们埋在我喜欢的花盆里。还有时候，我把一些羊粪包在纸里，塞进同学的书包，等她大叫，我大笑。

那个羊圈，我曾试着想进去。羊圈的门，实在太矮，可作为一个孩子，我还是能轻易进去的。每次总是刚迈进一条腿，便被那强烈的气味熏出来。即使白天，里面也是黑乎乎的。我只是想看看，里面到底是什么样子；只是想知道，羊的家是什么格局。

几次试验的结果是，里面铺满羊粪，气味呛鼻，仅仅是一个低矮的破窑洞，什么布置也没有。

我自然有些失望。

羊们一进圈，便睡觉吗？或者，它们也和人一样盼望或担心天明吗？

有一次，我看到一只羊，孤独的一只，在我放学的路上徘徊，不停“咩咩”着。我知道它在找同伴，找羊倌轮子。

怎么办？我唯一的想法是，不能把它丢下，得把它带回羊圈。可是，任怎么赶它，也不跟我走。

爬到坡上拣了一根树枝，打它，也不走，只是“咩咩”。

我无计可施，只好蹲在路边陪它。我怕它走丢，我期待着轮子赶着羊群归来。

它在地上心不在焉地啃几口草，便抬起头张望一阵，叫几声。我一遍遍告诉它：跟我走吧，带你回家。我甚至破天荒用手摸了它的背。那是我第一次与一只羊亲密接触，可它就是听不懂，感觉不到我的爱。

我才知道，与动物交流有多么困难。

叔叔从地里回来了，问我怎么不回家。我看着羊说等它。叔叔笑：等它干什么，到时候它就回去了。

我怎能放心？必须等。我甚至想去找轮子，找那些羊，可我不知道他们在哪里，也不知道我走了之后这只羊会不会跑到别处找不到家。

我只好等。

“啪——”终于，我听到了那熟悉的甩鞭声，我听到其他羊一声接一声的“咩咩”声。那一声响，那些“咩咩”声，于那刻的我而言是从未有过的亲切。我想扑过去，然而我身边的这只羊比我更敏捷，丢开陪了它大半天的我，扭身朝那些声音欢喜地去了。

我不怪它，还异常开心，一路跟着它跑过去告诉轮子：“你的羊丢了一只，不知道吗?”

我还没说出“我一直在陪着它等你们”这句话，轮子已经轻描淡写回了我：“丢不了的。”

我真有些不高兴。我陪了好半天的羊，怎么会换不来一句夸奖?

第二天再见羊，我已经认不出是哪一只。它，或许更不记得昨天的事。

那一群羊，在我整个童年时隐时现，丰富着我单调的生活。

以至此后在哪里再看到羊，都会想起曾经的那一群羊，还有轮子那直击人心的甩鞭声。

多年以后再回家乡，小院早已无人居住，羊圈的门也早已被坍塌的土墙堵死。羊的味道，也烟消云散。

我不知道，自我离开后，那些羊，还有它们的后代在这个羊圈里生活了多久。它们中间，有没有哪一只幸运地老去。

我也知道，不可能有一只羊对我有记忆。

我记着它们，就够了。

翻山越岭去拜年

题 记

一把糖块，两条系辫子的红绸，或一块手帕，各自欢喜着揣进衣兜，散开在村子里。

零星几声鞭炮声，炸醒星光依旧的乡村天空。

“起床了，今天去老舅家！”妈妈的手过来，抚醒我的眼。

冬日的被窝，实在太温暖，然而年的清晨不同，一句“去老舅家”迅速驱除了我想赖床的想法，我一下清醒了。天已大亮，灶台上的炖肉香弥散在屋里。

晨起便有肉香，是每个年才有的待遇。

扑鼻的香气中，伸手拉过枕边的新衣，摸摸衣兜，昨日几张压岁钱还好好地躺在里面。这样的习惯延续几年了，是恳请妈妈的结果，当天的压岁钱，允许在衣袋里过个夜，然后在早饭后出门前交到妈妈手上。

一阵鞭炮声响起，必是三叔家的蛋蛋。出门，一窝鸡也抖动着羽毛，散开在大年的院子里。初四啦，妈妈依然将鸡盆刷得洁净如新，如我们的新衣般亮眼。

妈从门里扬出一把玉米，几只鸡哗地冲过去。中间的黄鸡或许是吞咽的速度太快，被噎得仰天一缩一梗。而那只黑鸡，竟然与一只白鸡打了起来。出门拿柴火的妈妈生气了，一块石子飞过去："大过年的！"

不懂事的鸡，哪如我们这些孩子，一正月都乖乖闭了嘴，不骂人，不吵架。妈说，过年吵，一年吵。

香喷喷的烩菜馒头还没吃完，小姑已经在院里喊：走了，走了！

今天，是她带我、二婶婶家的琴琴，还有蛋蛋出门。老舅家在十二里地之外的岭上村。老舅是奶奶的哥哥，每年自然是要上门拜年的。他的儿子们，也会带着孙辈前来。或许是每年的惯约吧，他们一般初三来，我们初四去。

那时候拜年，是从初一早饭后开始的。当天，去的是本村的奶奶家，各个叔叔婶婶家，以及亲近的邻居家。一家一家进出后，口袋里便多了一张张面额不等的崭新压岁钱。七八家走下来，从村头走到村尾，也用不了一个小时。村子里本家与邻里间的走访，是不必带礼的，只需进门问声过年好，长辈便将早早备好的压岁钱递过来，往往是一拿，一笑，便扭身离开。身后的长辈，自然也笑着，不计较小小孩儿是否留一句谢谢。

压岁钱装在兜里，便是可以做主的一天，可以随心所欲花一部分出去。半上午时分，小伙伴们也便陆续从各个门里欢喜着出来，心照不宣一道挤进村里唯一的小商店。男孩子们总是高高将钞票举进去，换几挂鞭炮出来。女孩子们随后趴在柜台上，一件件挑选。一把糖块，两条系辫子的红绸，或一块手帕，各自欢喜着揣进衣兜，散开在村子里。

“卖——芝麻饧来——”

一个半大小子，总会提一只柳条篓，适时叫卖过来。掀开那条半旧却洗得干干净净的毛巾，多半篓芝麻饧像列队的战士，整装待阅。女孩子们争相将兜里的钱拿出来，一人两支拿在手里。

寒风中，脆生生挂满芝麻的饧便入了一张张欢喜的小嘴。谁家妈妈恰巧路经，喊一声：还嫌咳嗽得不够难受？于是大家一哄散去，回家跑进灶台，将剩下的一支举在火上，用不了半分钟，它笔直的身姿便柔软如少女。咬一口，甜甜的糯米丝便长长地拉长开来，芝麻香也随着溢开来。

初二开始，便要走村串户，姥姥家，姑姑家，姨姨家，拉开了翻山越岭拜年的帷幕。平时不想走的路，过年却丝毫不计较。穿着崭新的衣服上路，换几张崭新的票子回来，如何不让人感觉春光明媚。

去老舅家的路上，要经过三个村庄，有些凹在沟里，有些就在路边。近一个村，便会传来零星的鞭炮声。随之，便有炊烟袅袅飘出来，进而有肉滋味漫出来。

正月天，一村一村隔山隔岭串为一体，只一片被风吹落的对联，便使沿途山路也布满年味。何况，路上一队一队，都是同样的大人扯着孩子的拜年队伍。每个人的手臂上，大多挎一只竹篓，上面用带红花的毛巾盖得严严实实。不用看，毛巾下面是或满或半的白面馒头。

擦肩而过时，即便不认识，大人们也会笑嘻嘻打声招呼：拜年？而孩子们，会互相笑看一下对面来的少年，有些男孩子，还要忍不住拍一下迎面而过的男孩。被拍的，或腼腆，或以同样的方式回应一下。而女孩子们，会盯了对面一件没见过的花衣服，抑或是发辫上扎的一只花手帕，甚至走过了还会扭身痴痴看上一阵。

一路上，或同向的，或迎面的，热闹了寂寞难行的路。再远，也不孤独；再冷，也是暖的。

终于走到老舅家。路过谁家院门，便被认出来：“来了？”

“来了！”

那只熟悉的狗，又会像上年一样急急报出讯来，随之，坐在炕头的老舅便探身出来，笑脸长久朝向大门口。老妗，也已举着两只面手出得门边。

一一将我们让进屋后，她做的第一件事，必是擦擦手，把早已准备好的压岁钱拿出来，分发到几个孩子手里。

小姑自然要坐定，先喝一碗老妗递来的水，再回答她关于爷爷奶奶身体如何的询问。浅浅聊过，小姑起身，她得把这离中饭差不多一个小时的时间，留给老舅的儿子——我的两位表叔家。于是跟着小姑，按妈事前的吩咐，用盖在篓子上的毛巾包出十个馒头，向两位表叔家走。

流程自是一样的，进门站定，表婶一定会先把压岁钱装在我们衣兜里。

一枚小鞭，尖叫着打断小姑与表婶的说话，吓得表婶大吼：这小祖宗！院中，那个依旧最淘气的男孩已被吓到树后，坏笑着朝屋里偷瞄。我知道，他是用这样的方式对亲戚的孩子示好，也或许是示威。三叔家的蛋蛋，听到小鞭声早已蠢蠢欲动出得院中。很快，两个男孩间隔了一年的生分快速消除，扭在一起玩起来。

很快，饭时到了。表婶家另一个孩子，被老妗打发下来喊我们吃饭。两位表婶明知，这顿饭必得在老舅家吃，然而她们必要拉扯着客气一番，留我们。

一番推让过后，一如既往回到老舅家。几大盘饺子，老妗早已盛出来摆在桌上，再加半碗蒜醋，一盘炒鸡蛋。老舅早已坐定，磕掉最后一锅烟灰，端起他的二两酒催促我们快上桌。

那杯热辣辣的酒，老舅总要举过来逗蛋蛋：来一口？而蛋蛋，准会笑着把嘴躲进饺子里。

饺子香，酒香，醋香，弥漫在老舅的窑洞里。

热腾腾的饺子里，老妗与小姑热烈的聊天较老舅的酒更为热辣。一个个饺子下肚，一桩桩家事出口。饭毕，两家分别一年的大事小情，便在各自心中明晰起来。老舅几乎不说话，他想问的，都在老妗的脑子里。

彼时，两位表婶会准时上门，给我们每个篓子里放回三个馒头，作为回礼。小姑或许会客气一句：留着吃就行，还拿？

“哪有都留下的道理。”

于是不再推让。

饺子吃完了，饺子汤喝好了，天也聊够了，问候都带在身上了。

该起身了。回程山路上，我们并没轻松多少，还要再提一半还多的馒头回家。而这些馒头，还可以给明天拜年用。因此正月天蒸馒头时，妈妈们并不按每个亲戚家五个准备，是要把回礼的三个抛除的。

路上，已经有锣声鼓声从一些村庄隐约飘出来。

“破五”一过，拜年的气氛就会淡下很多。各家的爸爸们，开始一担担挑水，供妈妈们一件件给孩子们洗那些布满火药味的新衣。

孩子们一颗颗躁动的心，在小憩几日后将再一次喷薄而出。他们知道，新一轮的红火，将随着元宵节的到来，再掀高潮。

故乡的秋夜

题记

时间啊，都是时间的赐予。它悄然从每个人身边滑过，从上到下从前到后从内到外掠去人身上的一切，包括记忆。

车子停在一片玉米地旁。

放眼望去，我认识的树，都老了；老了的房子，依旧在老地方。

下地的人抬起头来。我看了，想寻出一两个熟识，名字似乎已到嘴边，却又失了主语，才知道，二十年流蚀了我的全部记忆。这些陌生人，一定是从前的小孩现在的成年人，是外村嫁过来的媳妇，是从前的孩子生育的孩子，是从前的熟人现在衰老了面孔的“陌生人”……我不认识他们，他们或许更不熟悉我。时间让我们变了模样，让我们极力回忆却还是回不到从前。

有调皮的小孩喊：“去谁家？”

我回了。就有喊声跟过来：“可是小小？”

听到名字，挑谷子的女人在我身边歇下，盯了一阵，说：“比小时瘦了。”她的头巾上挂了一层薄薄的黄土，让我找回了丢失的亲切，想伸手摸一摸。她似是谁的妈，可又忘了辈分，不敢妄称，就笑：“小时候胖。”

她又说：“城里人就是不一样，还能嫁一次。”她的话很清澈，是流出来的。我信了，笑了。

婶婶从玉米堆里抬起头来，愣了半天才跳过来夺下我手上的东西：“一个人？”

“孩子跟爸爸出门了。”

“你爸咳嗽轻些？”

“一直吃药。”

“你妈的腰呢？”

“保养着吧。”

婶婶丢下玉米，攥紧我的手，急切地开始了积攒多年的询问，直到远在城里的亲人在她脑中一一清晰，才满足地拍拍手：“晚上吃蒸饺！新磨的红面！”看我惊喜的表情，笑笑说，“没忘吧，小时候一闻到味儿，就骑在门槛上不走。”

往事，暖暖的。

我洗了手，被婶婶推开：“转转去。”

阳光洒满院，晒出阵阵泥土香，空气中弥漫着久违的粮食气息。谁家女人吆喝孩子的声音清晰入耳。偶然，传来一声狗叫，婴儿啼，温情弥漫在整个村庄。

出门，那个爱打闹爱逗小孩的旧邻叔叔迎面走来，满头白发，身后一个小孩追着他喊爷爷。我小心叫声“叔”，他眼神疑惑，浅浅作答。我没说我是谁，他未敢问我是谁。走出一大截后，才返身盯着婶婶家的院门恍然求证：“可是小小？”

堂姐坐在我面前，诉说自小得病卧床却博览群书的儿子在一个夜里毫无征兆地离去。时间已过去大半年，她的泪水依旧肆意，有些便顺势裹进她的皱纹里。我惊叹岁月赐予她的印痕。高中时代，她拖着两条美丽的大辫子一路闪耀，她的恋情轰动小镇，她出嫁当天肌肤嫩白清亮动人。今天，她用被时光雕刻过的双手轮番擦着泪，与每一个农妇一般凄凉讲述。尽管还有一子一女，她依然执着地惦记着她的“二小”，那个无声逝去的她情愿付出一生再服侍二十年三十年的“二小”。

去表姑家的时候，她不在。家人说，她去城里帮儿子看孩子了。两年不见，照片上的她清晰地衰老着。眼神，神情，稀少的头发，都让我有些失落。记忆里，是她在小河边将一头秀发浸在水里；是她上气不接下气跑进院门但骄傲地告诉闺蜜有个男生在后面拼命追；是她露着一口洁白整齐的牙齿，抱着几个月大的儿子咬着一只梨在树下爽朗大笑。

时间啊，都是时间的赐予。它悄然从每个人身边滑过，从上到下从前到后从内到外掠去人身上的一切，包括记忆。

好在，故乡的夕阳依旧美好，黄昏极富诗意。打谷场上，晒太阳的老人换了一茬又一茬，不变的是嘴里的开心或烦恼。家长里短就在茶余饭后被他们一桩桩晒在太阳下，有人疼，有人喜，也有人冷眼无语。

东西南北上天入地扯累了，空气在瞬间便有些沉闷。这时对面梁上便会恰当地传过颤巍巍一声："吃——饭——"被喊的边起身边嘟囔："破嗓子。"顺手拍拍前面的背，"回，一会儿该喊了。"于是，担心被喊的便相继收起烟锅家什起身。那些已经没人喊的，心便沉沉地失落，心里咀嚼着曾经荡气回肠的那一嗓子，嘴里倔强地嘲笑同伴："一辈子被管！"

我深信，这就是我的乡村，生我养我的乡村。我与故乡，依旧可以碰撞出那种一擦即燃的火花。味道，如此销魂。

"小小——"脆生生的呼喊响彻多半个村。

"叫你吃饭呢。"许多与我熟识起来的乡人热心提醒着。

回身，望到屋檐上举目翘盼的婶婶，我知道，她的红面蒸饺，熟了。

三大盘原生态蒸饺冒着热气点燃着我升腾的食欲。这难以替代的味道除了婶婶的手艺，更多的缘于脚下这片黄土。

天，不觉间黑下来。这顿晚饭里，我与婶婶同样收获了大量信息。忙碌的婶婶只能躺进被窝里慢慢消化，我却可以立即品味。于是，毫无睡意的我起身下炕，换上婶婶的布鞋，出门。

一院的月光里，我隐约听到邻家电视剧的打斗。

布鞋，松软的乡村黄土小道，星星月光……当我悄然绕过一个又一个屋檐，不会有人知道我心中的惬意。邻家门缝里，我清楚地看到鸡入窝后院中的安宁。即便那个白天不听话的孩子在挨打，哭声也是暖的。你看，泪还在，他就端起母亲盛的粥，笑着喝了。

谁的一声轻咳，像极了我儿时的爷爷。我移开脚步，看他挑着一担谷物经过，听负重的呼吸随沉重却快乐的脚步一同归家。秋天，是乡村男人证明自己的最好季节。当他肩挑一担沉甸甸的谷物推开院门，他的妻子，早已迎在门边递上热毛巾，捧出晾到正好的茶水；他的儿女，也早已安静地等在桌边，给他敬上筷子，外带一壶烈白。

他一声许可，孩子们会飞快地挑起一块炒得焦黄的鸡蛋塞进嘴里，哪个，一定会被噎着；哪个，一定会被呛着；还有哪个，一定会被母亲硬生生拍一巴掌。只有他，会在这吵闹嬉笑里乐呵呵醉去，专享他的夜。

我实在无法抑制内心的激动，实在无法拒绝这样的暖情。我的乡村，我的故土，多少年，多少次，我总会莫名被击中，莫名在这样的情景中澎湃万千。

我停停走走，走走停停。思绪，也在这越来越熟悉的情境中回到从前。文字，画面，在我脑中交相辉映，撤掉一幅，又换上一行。

那个夜啊。

故乡的秋夜，如此真。

今夜，陪一位陌生妈妈哭泣

题记

每个人心中都有一个想要亲近的远方。而漂泊在外的游子，我相信远方首先就是他们的心中长久不见的故乡。

今夜，一个普通的冬夜。我没注意天空有没有月亮，因为处在城市的我已经好久不见月亮。但我想象，那位妈妈的窗外，一定有一轮皎洁的月亮。月光也一定照进她的小屋，洒在她身上。

于是，她的脸越发苍白，安详。

我不认识她，她也不认识我。然而这个夜，我一直陪伴她。

她是朋友的妈妈。这个冬夜，朋友跋山涉水，回去探妈妈。

他说，妈妈病了，妈妈老了，妈妈脑子不好使了。然而他也只能抽出这样有限的时间，匆忙回到日思夜想的故乡，像一个外人一样看看生养自己的亲娘。

他乘坐漫长的列车，驶出繁华的大都市，开向远方，开向那个曾经是家乡但一转身就成为故乡的远方。故乡因遥远变得陌生，然而那里有他的妈妈，有他虽不能常见却贴心贴肺疼着爱着的妈妈。

一路走，他一路通过微信给我讲述自己的妈妈。讲妈妈的欢喜，也讲妈妈的忧伤；讲妈妈曾经的美丽，也讲历经的沧桑；讲妈妈的与世无争，也讲妈妈的知书达理。更多的，是讲妈妈忍辱负重逆来顺受的一生。这个从小把他打到大，教会他如何做人怎样去大城市谋生存的女人，现在却老了，病了，只能孤独地躺在床上，连照顾自己的能力都失去了。

我在远方，却完全可以听得出他语气里透出的阵阵悲凉与哀伤。有时，我觉得他的眼泪已经涌出来，又生生随着飞速前行的列车咽回去。

每个人心中都有一个想要亲近的远方。而漂泊在外的游子，我相信他们的远方首先就是心中长久不见的故乡。

说到故乡，总会有沧桑。童年与少年时代的一切，都被时间掳得变了方向。曾经美丽的妈妈帅气的爸爸，也让一缕一缕不停脚的光阴折磨得失了模样。怀念故乡，就是怀念从前，怀念父母曾经有力而温暖的臂膀。游子们一遍又一遍回到故乡，就是为找回哪怕是一下雨就变得无比泥泞的家乡。然而曾经不再，故乡像城市一样堆满楼房，脚下柏油马路仿佛是实现了少年时代的向往。再也找不到偷偷去洗澡的池塘，还有漫山遍野的牛羊。

家乡，成了梦一场。

找不到你了，我的家乡！末了，游子们都会把一句呐喊，含泪掷在脚下沉重的土地上。

这个夜晚到来之前，朋友乘坐的列车终于停在他的站点，把他交给曾经的家乡。我也是常回故乡的人，所以我深深知道他那颗回故乡的心。一路上想到故乡想到曾经想到即将要见的妈妈，他一颗哭泣的心更多时候应该是激情飞扬。

尽管，曾经美丽能干的妈妈躺在病床上。

黄昏时，他终于告诉我：回来了！

几分钟后，他又激动地说：看到妈妈了，她又老了，可她认识我……

终于，我听到他的眼泪无节制地流出来，流到妈妈的脸上，身上。

我在远方，也哭了，毫不掩饰自己的眼泪。我不用费力，也可以想象得到，一个长年独自躺在床上的妈妈自得知心爱的小儿子要回家之后，那种没日没夜等待的渴望；也可以轻易想象得到，当她终于看到儿子推门而入来到她的身边时，她内心该有多少情愫在抑制不住地汹涌释放。

我是妈妈，我也有妈妈，也多次体味过妈妈在我离乡时含着一双泪眼在村口翘首张望。因此我懂，懂那份彻骨且带着寒意的疼痛。

她的儿子，又何尝不是？他那忍了一路的眼泪，还有什么理由继续藏在肚子里翻来滚去？

哭吧！这个时刻，眼泪，就是想要说的话，想要表达的爱！

他说，他那老到连话都说不动的妈妈，下午的时候却挣扎着问家人：老小什么时候到家？

家人问：想不想你的老小？

妈妈有些怒：你说想不想?!

是的，你说，你们说，她想不想？

晚饭时间，妈妈张着嘴，一口口喝下儿子送到嘴里的热汤；夜深了，妈妈还不睡，任儿子在身边握着她柔软的手，给她讲家庭，讲生活，讲她永远理解不了也听不明白的那些工作现状。

妈妈的语言功能差到极点，但她脸上含着笑，心里藏着喜。

每一句，她都收在耳里，放在心上。

她的脸，在月光下一定安静极了，幸福极了。她柔柔绻在儿子手心里的瘦弱的手，一定像极了当年幼小的儿子那紧紧攥在她温柔而有力的手里的小手，她跟着儿子的讲述跨千山，踏万水。儿子当年那颗小小而惊恐的心，正如她此刻一样，由不安到淡定，由畏惧到坚强。

我说：若你此时起身出门，妈妈的目光里一定满含不安，满是惊恐。

他想了一下，说不敢试验，怕看了心痛。

两只手，握得更紧。

他若离开，妈妈的心有多疼？所以，这个静夜，我这个陌生人，愿意放下所有的事，这样陪着她，想象她的快乐，营造自己别样的愉悦。

陌生的妈妈，今夜，你可高兴？

然而，儿子总是会离开她。

人世间最重要的感情，总是敌不过现实。儿子在远方有了属于自己的家，这个曾经的家包括妈妈，便远到够不着他。

老人家，我清晰地听到您内心撕裂的痛。或许您一生都不能理解，“在一起”，简单的三个字为何却有万般难！

哭泣声，回响在这个无人知道的暗夜。

两天后，他选了妈妈睡觉的时间离开。

我冒昧提了要求：我，可以看看妈妈的脸吗？这个我陪了一晚上的妈妈，她是什么模样？

他拍了，发过来。

我看过，哭了。

旷野的深情

题 记

我常常以为，自己很解了脚下的土地，可一株不起眼的茵陈再次警告了我，这片土地上，还有许许多多丰富的资源与宝藏，是我不知道的。

层层泥土之下，即便那根极细如发的根须，也要完美掘至根部，呈现在天空下。抬手轻轻抖动，粒粒潮湿的泥土在微微掠过的风中有序飘落，流沙般剥离的身姿从空中翩然而下，带着不舍，绝望，甚至丝丝遗恨。

最细腻的一双手，才能掘出最美的一株草。

那一刻，正在绚丽中的它们完成了自己作为植物的生的使命，以另一种婀娜的姿容离开旷野，逶迤而来，全面进入人类视野。

突然想起之前离开人世的一位女子。她或许也是这样吧？被上天之手牵去，进入另一处时空开始她的永生。

这个想法终止了我长久以来一直持续的悲伤。她成了天上的仙女啊，或许在天空中替我落着忧伤的泪呢。

隐隐的泥土芳香弥散过来，我湿润的双眼渐渐清晰，面前出现它们精致的妆容。这些来自旷野的花草，此刻却像光彩照人的演员，在舞台上怒放着夺目的光芒。

我是在一个植物标本陈列馆中见到它们迷人的身影的。茫茫旷野万千草中它们有幸换了身份，成了标本，以中草药的名义，从此生动了植物史。

锦灯笼。看到这个名字时，我才知道，它便是前不久感动过我的“红姑娘”。一次在微信朋友圈晒出一个中药方，是为治疗我多年的慢性咽炎。远方一位朋友看到后告诉我，用一种植物的果子泡水，有疗效。这种果子，他称为“红姑娘”。红姑娘，这个名字太诱人，让我立即产生了一睹芳容的欲望。可是他说，红姑娘处在大山深处，不好采摘。但是一周后，一包“红姑娘”被快递小哥捧在我面前。包裹里裹着泥土混着落叶的红姑娘，正是眼前这个学名为“锦灯笼”的果子。深山里的红姑娘红艳艳现身城市的房中，我的眼前却出现了朋友深一脚浅一脚行进在大山深处的身影。之前他本是托人上山采摘，却被告知雨太大，红姑娘都烂在地里了。他不信，便亲自上山寻。终于，他的诚意让一批红姑娘羞答答现身。

可以想象出他当时发现它们时的惊喜，就如它们突然出现在我面前时我的动容。

一株叫“黄芪”的植物，瞬间唤起我少年时代的记忆。记忆里是婶婶的影子。婶婶的身后是年少的我。那是一个酷热的夏天，我跟着婶婶奔走在浊漳河边的大山里。太阳明艳艳照在头顶，我的心里也热气腾腾。记得有一天，婶婶突然说她要上山刨黄芪。她说黄芪是药材，刨来可卖。我即刻将“可卖”两个字转换为“钱”。我不是个勤奋的孩子，却突然觉得用自己的劳动换来钱交到母亲手里，是一种莫大的荣耀，于是迅速萌生了跟着婶婶上山刨黄芪的念头。那一刻的黄芪在我眼里是神秘的，神圣的，也是伟大的。那个暑假，我跟着婶婶奔波在大山中。当我第一次在婶婶的指点下辨识出黄芪时，内心充满狂喜。我无法想象，眼前这野草一样的东西，可疗伤，更可换来漂亮的笔记本。

开着紫色小花的黄芪，成了金子一样的宝贝，以至于那个夏天，我行走在路上总会盯着脚下路边的每一株花草，看看有没有盛开着紫色花的黄芪。然而能换成钱的东西总是得来不易。黄芪难寻，那个暑假，我磕磕碰碰跌跌撞撞行走在山水间找寻它。黄芪生长的大山前面，就是我家乡的浊漳河。寻黄芪累了，我就坐在高高的山上，望向那条流水。那时候大河浩荡，自西向东缓缓而去。河面上，两村之间架一座惊险的独木桥，走亲串友者来来往往。大河面前，一个个小小的人儿衬托着大河的宽广与力量。偶尔一个不小心，谁晕了桥跌落河中，也是常事。还有一天，我亲眼看到一个村民眼睁睁看着肩上一只柳条筐在河水中飘得越来越远。那一刻我才意识到，带着征服与得意的表情扑通扑通跳进水里的小伙伴们有多么微弱，就如我在茫茫山脉万千绿的红的白的紫的海洋中很难征服一株小小的黄芪一样。

我想每一株黄芪，都是看到我翻山越岭的汗水，才在感动中冒出头的。

时隐时现的水声里，我一株株寻觅着黄芪，收获着黄芪。断断续续，一个酷热的暑期过后，我用刨来的黄芪换得五元钱。这初次的劳动成果让我骄傲无比。愿意冒着酷暑跟着婶婶刨黄芪，还因每次归家，母亲总是早早等在院中，先用毛巾替我仔细擦去脸上细细的汗珠，再端出晾到恰好的一碗蜂蜜水。我顾不得热，总是先兴奋地把黄芪举到她面前。母亲知年少的我在山中辛苦，总是尽可能以美食待我。记忆中那个夏天如果有一点点冒着酷热遍寻黄芪的苦，也被母亲竭尽所能的暖融化了。或者说，我用一个暑期体验寻黄芪的艰辛，其中有一个因素也是为了体味母亲别样的赞赏与疼爱。

而母亲，也并非在乎我挣来的几元钱，而是从中体验女儿成长的欣喜。

与温暖有关的植物记忆，不仅仅是黄芪。那天在一个小区，草坪上突然发现几棵熟悉的植物，竟是小时候记忆里的灰灰菜。迅速指给母亲，说起记忆里的一种美味——灰灰菜馅做的合子。母亲默默听完，却在第三天就叫我去吃饭。原来，身体不好的母亲竟托邻居到她们居住地附近的山上寻来一些灰灰菜，让我找回小时候的好滋味。

这些自旷野来的野性身姿一旦被亲情暖过，大自然的香气便甘愿扑入热腾腾的烟火气，成了一个人一生都要携带的家乡味，母亲味。

这些年，常去一个朋友开的野菜馆。就是在那里，我深深喜欢并记住了一个名字：茵陈。说不上这两个字在我脑中铺出什么镜像，就是单纯喜欢这两个合在一起的这个词。起初我以为茵陈是洋气的。我概念中的洋气，就是家乡没有的，就是远方的，所以那洋气里总是带着朦胧的诗意与神秘。然而当我在某一天回到家乡跟一位本家叔叔大谈茵陈拌的凉菜或者包的饺子时，他淡淡说了一句：就是白蒿。

白蒿，这两个字立即让我心里那种美好的植物从空中落了地。小时候在家乡，遍地白蒿。它当时的功用，就是熏蚊子。每到秋天，村民们便一把把割起来，编成一条条辫子，以备来年夏天用。那时候，家家户户都有很多根这样的“白蒿辫”，或在屋里墙下或在屋外檐下挂着，等着次年夏天发挥它天然蚊香的威力。

记忆中，这些长长短短的辫子有一种浓烈的味道，当然不是香气，正因如此，燃烧后蚊子才不敢近身。可我不知道，它竟然有一个好听的名字叫茵陈，且味道鲜美。本家叔叔看到我诧异的表情，又一笑：三月茵陈四月蒿嘛。经他解释我才知道，此物三月是可食用的美味，就是我在野菜馆吃到的美食茵陈，而一到四月以后，茵陈便不再是茵陈，长成了蒿，开启了它的另一趟旅程。

作为蒿，它也魅力四射，据说最明显的成效是医治新生儿黄疸。此外对风湿寒热邪气、小便不利、头热、滞热及伤寒等都有奇效。

我不知道曾经乡村赤脚医生的药方里有没有蒿，但认识茵陈的过程却让我感受到了自己的浅薄。我常常以为，自己很解了脚下的土地，可一株不起眼的茵陈再次警告了我，这片土地上，还有许许多多丰富的资源与宝藏，是我不知道的，是有待我去挖掘了解的。

这动人的茵陈，竟是白蒿的年少时代。想到这里，它便化为那个夏天跟着婶婶漫山满岭寻觅黄芪的小小的我。

时光总是捉弄人，今天餐桌上许多珍贵的野味，药铺里的一些中草药，小时候的家乡却只被用来喂猪喂兔子，比如苦菜。小学几年，我在一片片地头田间采回一篮一篮的苦菜，倒进那小小的兔舍。

一个植物陈列馆，将旷野中这些平凡之物请进一个不平凡的场所。因了它们，这场所在我眼里成为一座神圣的殿堂。我相信其间的每一味药草，都有一个动人的故事，都与茫茫人海中的某一个人有一段无法割舍的情缘。因为我在每一个凝望它们的人的眼里，看到热潮涌现。

它们是普通的花，平凡的草，自旷野而来，在这繁华一角以自己的方式寂静而立。它们像涅槃的凤凰，又仿佛灰姑娘蜕变为美丽的公主，从头到脚散发着神秘的能量。此刻直到永远，它们不再是旷野里万草丛中一株不起眼的生物，而是蕴含了与人类生命息息相关的超强力量。

当然，它们在此，更要昂扬地告诉每一个走进这里的人，它们自泥土孕育而出，除了斑斓大自然，更带了光荣而沉甸甸的使命。它们在人类的脚下平凡着，却没有一刻停止扩展内在的丰盈。它们，更会随时终止自身的生命，粉身碎骨，把积蓄的全部饱满交付有需求的人。

连翘叶，孔雀草，茜草，合欢花，地锦草，白薇，细辛，天门冬……它们一天天绚丽成长，只为修炼；它们一茬茬离开泥土，只是接力奔赴在修复人类生命通道的路途上。

再遇见，我想我会在内心郑重致敬，这些充满诗意的名字，这些平凡却尊贵的生命。

一株一株，与它们深情对望。这方空间，在我心里也成了疗伤之地。眼前这草木，正在悄然愈合我所有的伤口。

老院的碎片

题记

他们的生活与小院无关，然而他们在无意间以自己的方式鲜活了小院，鲜活了我的记忆。

我童年的院子，离村庄远而偏，即便站在院子最外边，也看不到村子里任何一户人家。

多年以后我仍然忍不住想，我那孤独而敏感的性格，是否与这个院子有关?

山区的窑洞，自是依山而建。院子里一排四眼窑洞，向阳。东西两侧又折回来，各打出一眼，因此我的院子像一把椅子，或者一个簸箕。

出院子，下约二十米长的缓坡，是一块地，一个羊圈。左手边往上，依次是梨树林，谷子地。右手边往下，有两处同方向的院子，格局与我家院子一样。尽管很近，但站在院子里谁家都看不到另外两家，只在心里觉得是亲亲的邻居。对面，三四百米的空间外，是一道很陡的上坡路，两边散落着一层层田地，硬生生堵了我们想望出山外的视线。

这，就是站在我的院子里可以看到的全部。哦，忘记了，还有一处看得真切又有趣的"景"，是左手边一处高地上的几座坟墓。每逢清明、农历十月初一，他们的家人便来哭一阵，烧一阵纸钱，站在风里聊一阵，然后将点心留下来喂鸟雀。我大概在小学三四年级的时候，就在那个坟地间与几个同学一起"采访"过村里放羊的张爷爷，希望听他讲一讲当年用放羊鞭赶走日本人的故事。那也是在完成老师布置的作业。

那些年，院子里除了我家，还住着爷爷奶奶和两个叔叔家。四户人家的小院，生活得风生水起。

即便是爷爷在世时，奶奶也是这个院子里绝对的主人。奶奶异常弱小，从不下地劳动，但奶奶在院子里要做的事非常多。弟弟出生那年，奶奶竟同时收获了三个孙儿，每家一个。那一年，奶奶真正是东家进西家出，这家擀面杖放下出门，那家进门便端起面盆；这边还抱着大孙子让大儿媳吃饭，那边小儿媳已经喊话："娘，尿布！"

奶奶一路小跑，也赶不上三家需求。何况，到了吃饭时间，还得给从地里回来的爷爷做饭。

那年我六岁，还不到上学年龄。下地的，做饭的，喂奶的，哇哇大哭的，独我清醒地无聊着。叔叔婶婶们以前放在我身上的万千宠爱也因弟妹们的到来而远去了。无聊的时候，我便跟在奶奶身后，这家进，那家出，学奶奶慌里慌张，也常因躲避不及突然转身的奶奶而几乎把她绊倒，把她手上端的稀饭洒得满地满身。

"你呀，真真是帮倒忙！"奶奶急得直训我。每每这时，婶婶们才注意到我："快上炕来，看弟弟会笑了。"

毛茸茸的小孩子实在惹人爱。或许我天生就爱小孩，不仅丝毫不妒忌他们抢走了我身上的宠爱，还深深爱着他们。只是婶婶们怕我太小不敢让我抱。后来弟弟妹妹们渐渐大了些，我便在大人的监督下一个一个抱着玩。其实妈妈最希望我抱弟弟，好让她酸困的胳膊歇一歇。可我却常常跑到两个婶婶家抱那两个。因为，我的亲弟弟实在是太胖了，抱一会儿便会很累。

大部分时候，我便盼着下院的宏来玩。宏是英大娘的儿子，与我同龄，常常在我家院子里玩得昏天黑地也不回家。可有时候，宏的表现让我极其生气。有时候他就不是想和我玩，而是一进门便坐在我家炕沿上，让英大娘站在他面前，他一层层撩起英大娘的衣服，在众目睽睽下吃奶。每每这时我便狠狠瞪他，骂他："不知道臊!"可他看我一眼，又忍不住抱住奶。那么大的孩子，竟然和我的弟弟一样在吃奶，这种行为叫我恶心。

我发誓，不再和他玩。

更可气的还在后面。奶吃够了，他便抬起头死死盯着我家墙上挂着的一串托了花的干饼："妈，我饿。"

真想一把将他拖下来扔出门，最好是扔到坡下的垃圾堆裹在里面。可我没有能力，只能更加凶狠地瞪他。他看我一眼，马上又盯了墙，嘴里依然说着饿。此刻英大娘的两只奶还在外面露着，我真想把他按在上面，用那两大团肉堵了他的臭嘴，让奶水呛了他的鼻子。然而我知道，英大娘其实几乎已经没奶水了，宏所谓的吃奶，其实是吸奶头玩。

可英大娘竟然不阻止他，有一搭没一搭与我妈聊天的当儿，也斜一眼墙上。

小傻蛋！我无法抑制心底的愤怒。那些托了花的烤干的漂亮饼子，可是妈抽出弟弟睡觉的时间给我做的，我一次只舍得掰不大的一块吃。

“叫你妈回家做！”终于，我忍不住朝他大吼。炕上的妈妈见状竟说我：“这孩子怎说话？分点给宏吃。”

于是妈叫英大娘去拿。英大娘大概看我急了，边哄宏边对妈说：“家里有。”

“家里没有——”那一次，我愤怒却开心地看着宏这么叫着，被英大娘拖回家。

小孩子不懂“仇”滋味。这种事常常发生，然而也消耗不了我与宏的友谊。我家院子里，他还是常常上来，玩得花样翻新，玩到背起书包上学，牵着小手回家。直到分清男女有别，直到碰面再也不说一句话。

当院子了无生趣之时，节就来了。

八月十五，十月初一，春节，是家乡亲戚必然要走动的三个大节。这时候，我跟着叔叔们一趟趟从院子里走出去，一拨又一拨的亲戚也从对面小道上走下来。客人们很少有突然出现在院子里的，因为总有谁在院子里走动，总有谁会时不时瞟一眼对面小道。

一声“来人了”，四眼窑洞便有了响动，把床单拉平，把地面垃圾扫掉，把头发梳整齐，出门，将正好走进院子的客人往窑洞里让，一行人杂沓着进去。大人们手忙脚乱地让座，倒水，拉呱儿便开始了。每到此时，我大部分时间是靠在门扇上，看人。

一次，奶奶家来了一个叫娥的女孩。天哪，她有着我从来没有见过的光芒：细嫩洁白的皮肤，大大的眼睛，高挑的身段，还有对我们不屑一顾的眼神。这些，都令我无比着迷。好大一阵，我就那么专注地盯着她。而她，始终不发一言，也不坐，冷冷地靠在炕边。

多么高傲的一位公主！以至于她离开之后的很长一段时间，我都让妈妈把我的头发梳起来，扎上一块手绢。因为娥的马尾上，就扎着一块漂亮的花手绢。她让我第一次知道，手绢还可以扎在头发上。

至今我都忘不了娥。她的那张脸，那个骄傲的马尾，每隔几年甚至每年都会出现在我的脑海里，让我翻来覆去频频回味。

最可笑的一位客人，来自北京。来人是奶奶的哥哥，伴随他的，还有夫人和一位与我差不多大的男孩。男孩一来便迷上了奶奶家炕上铺的草席子。院子里，只有奶奶的炕上还舍不得撤去磨得光亮而破旧的席子。原以为，北京来的客人会嫌弃；原以为，他们甚至怕磨了裤子而不想坐上去。哪承想那个男孩不仅坐了上去，还一遍遍用手撑着席面滑来滑去。看得出，他第一次见这种东西；看得出，他开心得无与伦比。

这让站在门边的我几乎笑喷。我甚至有些瞧不起他：一个首都来的客人，怎么可以稀罕一张草席子？太没见识了。

我再无兴趣看他做那些可笑动作，跑到外面爬上一棵杏树无聊地摘杏吃。没想到他从窗户上看到了，马上下炕冲了出来，在树下羡慕地望着我。

“他不会爬树。”突然，我脑子里肯定地闪过这一想法，于是给他扔下一枚杏。

“真好吃。”他很快吃完，又抬头看我。

“你上来。”我勾他。

他接近树，不知道该以怎样的姿势爬。

“抱住，爬上来。”

他抱住，可爬不上来。

于是我下去，给他示范正确姿势，并从下面推，助他一点点往上爬。爬两下，他便要歇一阵，仰头开心大笑一阵。

然而就在他马上要接近树杈时，妈喊我。也就那么一瞬间，我一松手，蠢笨的他便从树上跌下来。

刚刚还大笑的他，转瞬哇哇大哭。

他的家人，我的家人，自然一窝蜂从家里跑出来。这个小子很不争气，他的裤子竟然破了，他的手也擦掉一层皮，还有，他捂着屁股。

奶奶自然要责骂我，他的家人也用很不高兴的眼神看着我。然而是他自己愿意往上爬的呀。我不屑跟他们解释，盯着依旧在哭的他骂道：胆小鬼！

妈妈就手“啪”地拍向我后背。可是，他竟然不哭了，有些不好意思地看着我，推开他妈妈一直搂着他的手。

大人们都叫他回，他却倔强地与我一起站在杏树下，把所有的泪硬生生咽了回去。

一个小男子汉。于是沉默好长一阵后，抱着树干，我笑了，他笑了。

娥，宏，北京孩子，他们的生活与小院无关，然而他们在无意间以自己的方式鲜活了小院，鲜活了我的记忆。他们之后的生命片段里，会有我吗？会有小院这个一闪而过的过客吗？或许，之后的他们从来不曾记起我，记起小院，然而我却因了小院，时时想到他们。

梨花满地

题记

她们嘴里，是与梨花完全无关的话题；她们眼里，洁白如雪的梨花总是与泥土一样平凡无味。

一到春天，人们就提梨花。许多人更是以梨花的名义，演绎出诸多与梨花有关的故事。

我也曾多次随着城市人们的脚步走进梨花深处，用相机一张张记录下那些并不算太美的花朵；我也曾附庸风雅，跟着一拨又一拨的文学爱好者品味梨花，写下一行又一行关于梨花的字与歌。

如此还不够，我又一次次随着人们的脚步，遍访杏花，寻觅桃花。如此几年，终于发现，我镜头里的梨花或者杏花桃花，根本就不是我印象中的那些花。我如此追逐，只是以花的名义，去消耗一些时间，找寻一些曾经丢失的过往。

幡然醒悟：梨花，不是曾经雪一般开满我的村庄？

我怎么，轻易就忘记了梨花的模样？我怎么能，跟着一群不曾见过梨花的人群，一遍又一遍寻访梨花，犹如初见般向往？

我突然觉得，很对不起童年，对不起生我养我的村庄，对不起一树一树的花开，甚至逝去的那些开满花的春光。

我生活的村庄，梨树遍地。一片一片的田地里，都是一株一株的老梨树。我的院子，很多人家的院子，被梨树包围。

我在梨树边生，梨树下长，在梨花盛开的季节离开村庄。

多年后，我模糊了当初的花开之魅，忘记了一树一树的洁白盛典。

我家乡的梨，个大，粗笨，少了些脆甜，但梨花是一样的白，一样的纯，一样的动人。

那时候的春天，真的是一夜之间千树万树梨花开。

一树一树的洁白，在明媚的早晨铺满我的村庄。我为什么，没有细细品过梨花的模样？直到现在，我对梨花的印象也只是一树洁白，它的花瓣，它的花蕊，它的花期，我都一无所知，不在心上。

花若有知，会不会怪我这个在梨树边长大的孩子？

那时候，村里的梨树，大多不怎么修剪。剪与不剪，梨子结与不结，梨花总会应春而开。那时有一点想不通，一样烂漫的花瓣，有时候怎么会变不成果实？

无聊时，才会走近梨树，伙同一群孩子把落下的一地花瓣收集起来，或夹在书本里，或放进书包里，甚至埋入土里。更多时候，是把它们从这边拣起，扔在那边。一双双幼小的手里，这些美丽仅仅是平凡的花瓣而已。而这种花瓣，总是满眼，俯拾皆是。

也因此，当初从来不知，梨花也会成为多年以后追逐的好景致。

而今再回家乡，总会欢喜地跑向田间地头，跑向黄土地墙角根，跑向那些正在坍塌或者已经坍塌了的破窑洞，甚至跑进漫天尘土里。

多么想啊，一阵春风，或者一场春雨，再来一场花瓣雨。走在梨树下的画面，该美成怎样的极致？那才是真正落英缤纷的好景致。那个时候，为什么就没有一个小姑娘，坐在那样的缤纷里沉思，欢笑，或者哭泣？

那时候的树下，更多的是一群孩子，仰头眼巴巴盼花落，盼着凋落的花瓣变成嫩绿的果子。或许在孩子们心里，花开只是多余的一季。只有花落，才有果子。而果子，才是可以实实在在可以品味的东西。

现在想来，果实的到来也很快速，也是一夜之间，嫩嫩的小果子便羞涩地取代了花的位置。大人们近前查看，是为了检验秋日能否有一个好收成。孩子们近前，是盼着果实快快长大。而每年，总是不等果实长大，便偷偷摘下放进嘴里。又酸又涩的小果子瞬间被孩子们苦着脸吐在地上，却总是乐此不疲。

如此，谁会盼着花季更长一些？

谁会有心思去赏花，思花，恋花？

梨树边的大人们，或许也是。我实在忆不起，村人欣赏和疼惜梨花的一点点踪迹和兴致。

曾问过妈妈：那时候村里梨花开，是不是非常好看？

“好看。”妈回，“可谁看？”

突然想起小时候村里演电影《红楼梦》。到黛玉葬花一段，银幕下总是一阵阵骚动："葬花？编故事！"

不就是一些落花吗？犯得着如此伤心地哭泣？如果花落了都要哭，那么果子没了呢？庄稼收了呢？树木枯萎了呢？

农人不喜黛玉，大多从这里开始。

风情，其实是空虚到极致的人们想出来填补情绪的东西。农人的生活，被实实在在的土地添得满满当当，哪有闲情务这种不切实际的虚？

不必笑话他们。或许，他们正坐在墙根下，一边吸烟一边笑话在梨树下故作姿态的你。

也因此，我总是不敢在他们面前太放肆。

我只能坐在电脑前，一遍遍回味梨树，模拟花开：一群小姑娘背着书包，从一树一树的梨花下经过，从一地一地的落花上踩过。她们嘴里，是与梨花完全无关的话题；她们眼里，洁白如雪的梨花总是与泥土一样平凡无味。

突然心生羡慕，唯有她们，才有绝对的资本不屑花开。倒是梨花，多想追逐小姑娘的脚步。于是一进课堂，老师便看到姑娘们头上顶着、鞋子上踩着的花瓣，或白，或粉。花香隐约回荡在教室，她们依旧视而不见。

村庄远去。只好一次一次挖空心思接进梨花，接近桃花，穿梭往返于杏花间，试图去解读这些花瓣的美。

春草萋萋绿渐浓。梨花落尽晚来风。

当春草由嫩绿变成深绿，当春草的长势越来越凶猛，花便落尽，果实便新生。花开时节，稍纵即逝。

多想，回到那些梨树下，等待一树一树花开，等待那些小姑娘背着书包经过。这时候，我会大声叫住她们，拍下她们在梨花中或羞涩或躲避或灿烂的笑脸。我知道她们听不懂花易逝、纯真易流这些话，只想告诉她们好好保存这些照片，若干年后慢慢回味。

我还要告诉她们，好好读读这些花瓣之美。

我知道，若干年后，她们一定会成为我。而我，多么不想让她们成为我。

满院的蜀葵花哪里去了

题 记

蜀葵花曾经带给我们那么多快乐。蜀葵花，与我们今天娇贵地养在家里的各类花卉一样，也是花。

多年以后，我才知道这种花的名字叫蜀葵。

那一天，只一朵，绚烂地开在一个朋友的微博里。引起我注意的还有她在旁边特意标注的四个字：蜀葵，蜀葵。我不知道朋友为什么要重复强调这个名字，但我是从那一刻起才知道这种花的名字竟然叫蜀葵。

这种花，是我家乡的花，是我小院的花，是我童年的花。然而，我忘记它太久了。若不是这条微博，我或许再不会想起这种花，永远不会知道它的名字，叫蜀葵。

或许从我有记忆开始，蜀葵花就烂漫地开满我家的院落。我没有理会过它什么时候花开，什么时候花谢，只记得整个夏日直到入秋它都存在。在我家乡那片土壤上，蜀葵似乎很容易生长，从来不需打理，永远无人理会，它却总是一年更比一年茂盛地漫满小院，甚至延伸至小院前后的田野边。

繁密地生长在我家小院周围的这些花，为什么叫蜀葵？查，蜀葵是多年生草本，茎直立而高，叶为心脏形，花有紫、粉、红、白、黑等多色，花期为六月至八月，原产地为中国四川。

也因此，它叫蜀葵。那么它是怎样跋山涉水来到我的家乡的？又是怎样适应了家乡这片与四川截然不同的土地？是我的先人，远赴四川把花籽带了回来？还是我的哪一位长辈，在别的村庄别的院落随意抓了一把花籽回来？总之从那一天起，蜀葵就成了我家乡的花，成了我家小院的花，成了我童年与少年时期的花。蜀葵自然生自然长，蜀葵花自然开自然谢。家乡的人不叫它蜀葵，按照音译下来，似乎是“崛起花”，是取它决意从这片土地上崛起之意吗？

确实，这决意在我家乡扎了根的蜀葵，高的超过一人，低的也像五六岁孩童。然而不管高矮，每一根都顺茎直直地骄傲地伸向天空。蜀葵花的每一个部位从来不会弯曲，低头，从来不管太阳身处何方，总是直射苍穹。

崛起，多么形象的名字。

它的花开，也毫不吝啬，一根茎干上，密密麻麻挤满十几朵，每一朵花瓣都层层叠叠多达五六层，有的舒展自然向外张开，有的像鸡冠样浓密地卷曲，红的似血，粉的像霞，白的如雪。想想，那样一个黄土地上的小山村，那样一个布满原始窑洞的院落，有一群蜀葵花多姿多彩地摇曳在每一个夏日的轻风里，是多么富有诗意又是多么美妙的一幅乡村田园图啊。

可是当初，我院子里的所有人，从来都不觉得它美。

或许是大人们从不赞扬，它们在我眼里也便如同院边随意生长着的一丛丛杂草一样。

只有一次，一位外村的亲戚来看望婶婶，一进院便大叫：真好看呀，这些花！

婶婶不屑：可能长呢，你看哪儿都是！

或许，这便是蜀葵不受关注、不被重视的理由吧。

“眼前无奈蜀葵何，浅紫深红数百窠。能共牡丹争几许，得人嫌处只缘多。”这是唐代诗人陈标的诗《蜀葵》，表达的，正是当年婶婶的意思。

七八岁的时候，院子里突然多出一株花，母亲说它的名字叫月季。对于这一株月季，母亲呵护得好精心，按时浇水，按时施肥。每天早晨开门后的第一件事，便是查看它是不是鲜活如昨。最多的时候，月季上开了五朵粉色花，母亲更是严格要求并严厉禁止孩子们动它们。这样一来，我们这些孩子对这株月季更多了几分敬畏。月季，当时听来，是多么动听的一个名字。记得，我远方一个表舅家的院落里，就长着不少月季。月季，我也是那一年第一次从他家院子里听到这个名字。当时，他的两个女儿每人从上面摘下一朵递到我手上，令我边欢喜边心疼。这么漂亮的花，怎么就轻易摘了下来？而表舅，竟不劝阻，更不训斥，且还鼓励我：你自己也去摘一朵吧。母亲听到后立刻阻止了我。其实即便母亲不阻止，我也不舍得把手伸向月季，让那么美丽的花朵硬生生断送了生命。

也因此，当我家院子里终于有了一株月季时，谁都会百般呵护。那一株月季花在我家院子里的地位，也就越来越高贵。上面盛开的月季花，在全院人眼光的注视和呵护下也便不自觉高傲无比。外面有人来了，母亲也必然要带她们观赏这株月季，包括婶婶们也是，有事无事就过来认真瞅瞅或正绽放或已凋零的月季。

那几年的夏天，那株月季成了院子里唯一赏心悦目的花卉。如果哪一次母亲忘记浇水，月季便蔫蔫地收了它的美丽，向所有人示威。

而那些漫在小院周边的蜀葵花，却无论旱涝，依然保持它的勃勃生机。

不欣赏蜀葵，却不能遗忘蜀葵。蜀葵花瓣，被我们这些孩子一瓣瓣揪下来，再从比较厚的根部揭开指甲长的口子，扒成两片，互相嬉闹着贴在脸上和额头。常常是，满脸贴满蜀葵花瓣的孩子们欢叫着撒满院落。院子里，也铺满一地蜀葵。

蜀葵花还有一样让孩子们痴迷拿来玩耍的，是它没成熟的籽。我们早早把它剥开，取出里面像车轮一样白白嫩嫩的花籽，男孩子们在两个中间穿一根木棍或铁丝，做成“汽车”。女孩子们用木签穿成“糖葫芦”，沿村打闹。

蜀葵花是摘不完的。我们频繁地摘，残害；它们执着地生长，盛开。

童年到少年的夏天，眼里从未缺少过花，但大多是蜀葵花。

网络上说，蜀葵的花语是温和。我信。它温和地开，温和地谢，温和地忍受我们对它的蹂躏。只是至今才知道，蜀葵花曾经带给我们那么多快乐。蜀葵花，与我们今天娇贵地养在家里的各类花卉一样，也是花。

那么是不是只有等到不见蜀葵花，才会重新想念它？

不见蜀葵花，是我们搬离老家那个小院之后。

次年夏天，眼里突然没了蜀葵花，按理说视觉上也是一个大的落空，而且我的新院子里并无什么花，然而也竟一点没觉得失去什么。那个夏天，我们开始适应新环境，齐刷刷忘记了贴满我们脸庞的蜀葵花，直到它若干年后遥远地出现在一个朋友的微博里。

微博里那一株蜀葵，强烈地触动了我的内心，让我开始疯狂地怀念蜀葵，开始回老家寻找蜀葵。曾经长满蜀葵花的小院，房屋坍塌得一败涂地，杂草丛生得无所顾忌。在这个七零八落的院子里，我寻到躲藏在角落里的那棵唯一的小苹果树，寻到婶婶家那棵大桃子树，寻到奶奶从不让我们动一下的那棵梨树，甚至寻到叔叔从别处刨回来艰难地扭扭歪歪生长的那株桑树。然而我寻遍院子里每一个角落，寻遍院子周边的所有沟沟坎坎，却寻不到一株蜀葵。

这艳阳高照的夏日，曾经开满小院的蜀葵哪里去了？

我真的很无力了。我知道这无力里带着伤悲。我百思不得其解，那些极易生极易长的蜀葵花，怎么能够没了一丝踪影？

我不死心，回头问一直在本村居住的堂妹：怎么连一株蜀葵也寻不到？

我执着得想哭，她只好不作声，默默陪着我。

于是我退到奶奶家那片总是长满黄花菜的地里，坐了整整半个下午，还是等不到蜀葵花出现。

我无比失落，为了寻不到的蜀葵花，更为了少年时期对一些事物的不珍惜。

从来没有一种花让我如此怀念。我无数次想，却怎么也想不通为什么会再也寻不到蜀葵。它曾经茂盛生长的那片土地，还在；曾经与它一同生一同长的那些杂草，还在。

突然间，我被一个解释吓了一跳，那就是蜀葵当年生长在我家小院，初衷是为取悦人的。而今人去院空，蜀葵，也就再没了生长的兴趣和力量。

离开人的蜀葵，竟然会不再生长。这个道理，令我感动万分，感慨万千，又极度难以接受。竟然，是我们的离去，掐断了蜀葵的繁殖？

那么灿烂地一年年开满院的蜀葵花，竟然因我们的离去而终结了绚丽的生命？

我不敢也不愿相信，可事实活生生摆在那里。

谁都不可能再回到那个小院，因此，也就再不可能在那个小院看到蜀葵。阳光下一丛一丛的那些蜀葵，永远从这片土地上消失了。

那车轮一般的蜀葵花籽，是沉睡了，还是随着曾经的那些男孩子们的疯狂，顽强地散播到了远方，生根、发芽、开花？

我只承诺，若是将来有幸得一座小院，我养的第一种花，必定是蜀葵。而且我发誓，即便它依然发展到自然生自然长，我也必定会用对待其他花的态度，对待蜀葵。

那个雪天，我由少女变新娘

题记

雪，更猛了些。很快，车玻璃变得模糊。急了的爸爸，抬起袖子就擦，一遍一遍，将我的心擦出血。

一到雪天，心就会忽地疼一下。

若干年前那个冬天，那个第一场大雪天，我做了新娘。

没有婚纱，没有婚车，没有伴娘伴郎。

雪，木棒，荒野，三轮蹦蹦车，爸爸的泪……就是我对自己婚礼的全部记忆。

整个冬天，不早不晚，那场雪，偏偏在我最不希望它下的时候飘然落下。看到第一片雪花时，我在长途车上。那一刻我的心无限欢喜，我知道，这是人们期待的一场雪，是这个冬天的第一场雪。

邻座盯着窗外的麦苗说："这下不渴了。"

前座的扭过头来："再大些吧。"

随后，雪竟如他说的，逐渐大起来。由一片一片变成一串一串。看着飞舞的雪花，我竟一点没有与自己联系起来；我竟，沉浸在邻座和前座的喜悦里。

"下雪了。"收到他的传呼。

"嗯，美丽的。"我想。

"傻，一直下就麻烦了。"

啊！突然，我从雪花飘舞里回过神来。窗外这美丽的雪花，若一直舞下去，很可能会切断我的婚路。

那一瞬，我的心几乎跳出来。但转念一想，或许，再下一阵就没事了，还有两天时间呢。

就这样，我披着雪推开老家的门。

奶奶在门口迎头抱了我："孩，下雪了。"

爸爸看着我，望着雪。

妈妈拉我到院子里扫去身上的雪，她一直没说话，我知道，她一开口，就得提雪。

那个时候，雪在院子里已经铺了厚厚一层。我的婚礼在后天，亲戚们已经来了不少，他们在雪里忙碌着，继而又叹息着。

我还是一一与他们掌心相握，我还是做出欢喜的样子，期待着与他们一道分享很快到来的那个时刻。

院子里，一切按婚礼程序有序杂乱着。

那夜临睡前，每个人都习惯地先到院子里看看天，尽管，不必抬头就能看到满天纷飞的雪。

那个夜，每个人都想多说些什么，每个人都想避开雪。

每个人，只好不说话。

那样一个静夜，终于听到雪花飘落。是的，我清晰地听到，雪落在风箱上，落在窗棂上，落在爸爸借回的锅碗盆上，落在姨姨姑姑们用了一个下午剪出的喜字上。雪，一片一片，落满我的院，落在一院杂乱上。

我听到奶奶的轻叹，听到妈妈比平时急促的呼吸，听到姑姑一遍又一遍翻身。

实在困了，不想再缠在雪中，我要睡。

很快，被急促的砸门声惊醒，听得爸爸从另一间屋子出来。

“是谁?”他问。

“我。”似乎熟悉，又听不出来。

门开了，院子里的门都开了。三个雪人径直走过我的屋子。天哪！是他！

我的新郎！陪伴他的，是他的好友。

“雪太大了，我们来接你今晚坐火车赶回太原。”他喘着粗气，“说好的车都没法来了，司机们不敢上路。”

我盯着他们手里的木棍，半天回不过神来。

妈妈拉他们坐下，才听他们细细道来。原来，我走后，太原的雪就大了。原先租好的车一个接一个来电话，话不同，意思一样：“这天气，说什么也不能跑长途了。”

那个时候还没有高速，也不是春运期，没有高速交警和路政全天为你清雪，没人帮你的出行想办法。

雪，不因你的着急而放慢从天而降的速度。

“马上坐火车去把她接来，再晚了只能是两地婚礼了。”亲朋好友迅速达成一致。

火车站离我的家还有近四十里山路，他们下车后找到一辆勇敢的三轮蹦蹦车，走到半路因为滑还下来推，不知谁说山里有狼，于是他们各自跑到雪里刨到几根木棍壮胆。

捧着刚开锅的水，他们忍着烫猛喝。

就这样走吗？

我是家里的老大，父母多希望，他们的第一个女儿能够非常风光地出嫁！那些现代的小车，一辆辆从省城来；那些枣红色的骏马，一匹匹在山路迎上。当现代的张扬与古典的婉约在那条很宽很阔的大道上遭遇，父母就会在众目睽睽下将女儿骄傲地交到他们一齐看好的男孩手里。那个场面，父，母，所有亲朋，我，都在设计着，盼望着。

似乎，我听到一片羡慕与赞扬；似乎，我看到父母无比欣慰而自豪的笑容；似乎，我听到一连串鼓乐声豪放地响起；似乎，我看到送亲的人一个接一个从马背跃下，跨进小车里……

这些，真要被这无声的雪击碎吗？

父亲不忍，母亲不忍，奶奶不忍，所有的亲朋都不忍。

于是，一家人沉默着熬到天明。

他的神情，异常紧张。担心，父母不管一切，一定要车来；担心，亲朋不答应，提出额外要求；更担心，这个决心下不了无法在下个天亮前赶回去。

我知道，他的家里也如这边一般，有家人和朋友整夜无眠苦苦等待。这个时候，他们不再期待雪停，希望的，只是我顺利在婚礼前赶回。否则，就必须举办一场没有新郎新娘的婚礼。

我的父母，何尝不在考虑这些。

如果我走了，明天的婚礼还叫婚礼吗？一大摊子亲朋好友，谁为他们斟酒？那满村都能听到的喜乐，谁来和？那养了近一个冬天的枣红色的马，谁跃上它的马背？所有的祝福，难道只送给没了新郎新娘的父母？那顿父母精心备置的喜宴上，会有欢声笑语吗？

谁都不敢想这些。父母是从未有过的沉默。奶奶一个劲儿看天，一个劲儿喃喃："或许，待会儿就不下了。"

我知道，即使雪不再下，车也不会上路。计划中的婚礼，注定要因雪而改变。

想到这里，我禁不住哭了，看到我哭，妹妹也偎过来一起流泪。奶奶急忙拥了我，说："咱不走，不走。"

不走，这个婚礼就会如期举行吗？不走，就会开心吗？

父母、叔伯、家里的主要亲人早已聚在另一间屋，他们一定在"走与不走"之间徘徊。这边，姨姨姑姑婶婶们乱作一团，她们在我身边七嘴八舌，但所有人表达的都是一个意思：不能走。

这话让他和他的好友更加紧张。他不止一次悄悄让我求父母同意走，因为来时，他的家人无比担心，他们听说农村的风俗复杂，讲究颇多，一般人家，是不会轻易答应的。

其间，叔叔还忍不住抽空跑来安慰我，"孩子不难过，咱不走。"

他在身后悄悄拉我衣角。

他们的话，其实压根没装进我的脑子。想些什么，自己也不清楚。除了乱。

时间如门外的雪，步伐似乎越来越快。姑姑做好了早餐，他们三个却谁都说不饿。

没人觉得饿。

没人，去瞅一眼那白生生的一大锅馒头。

那屋的门，关了近一个小时的那扇门，终于缓缓开了。

第一个，走出爸爸。

站在我身边的他，愣了一下，快速迎上去，等待爸爸开口。

一屋子人，瞬间安静下来，迎出去。所有人的目光，一齐扫向爸爸。

那一刻，除了毫无脑子的雪，院子里的所有都凝固了。

“走吧。”爸爸，只轻轻说出两个字。

他愣了，看看爸爸，许久，才冲过去抱着那双瘦弱的肩低泣。

院里炸开锅，然而父母坚定地开始为我们准备要带走的衣物。

就那样，很匆忙地，我们在飘雪的小院举行了异常简洁且独特的“婚礼”。没有证婚人，没有鼓乐，没有鞭炮，甚至没来得及向在场的十几位亲友发一颗喜糖。

只有，我与他在厚厚的雪里为父母叩了两个深深的头，我清晰地看到，我的前方，妈妈一串泪珠无声落下。

雪中那两个带泪的叩印，留了多久?

那刻，属于我的枣红色的马，在它的马槽中悠闲吃草。

三轮蹦蹦车司机还在邻家等。父母，亲朋簇拥着送我们出门，走过几条洁白的小路，上到那条白茫茫的大道。蹦蹦车就停在那里，司机已将窗玻璃上的雪花清扫干净。

不敢回头，不知道身后叠加着怎样一道道目光。走近车门，被谁拖上了车。

少女从此变新娘。

回头一瞬，终于未能忍住，窗玻璃外，是爸爸带泪的一双眼，他用劲趴在玻璃上，无声望着我。

雪，更猛了些。很快，车玻璃变得模糊。急了的爸爸，抬起袖子就擦，一遍一遍，将我的心擦出血。

司机终于发动了车，跌跌撞撞，我们向前走。爸爸，就那样跟一阵，擦一阵；擦一阵，跑一阵。

雪下得越猛，爸爸就擦得越凶。他的脾气，终于暴露在雪中。

直到，大雪掩盖了那串心碎的脚印。

那一场生疼的雨

题记

依旧，叔叔在前，我在中间，妈妈在后。一前一后两只手，对面一片人，温暖着我走在河上的一颗心。

那一场雨，至今想来生疼，生疼。

多少年，一直喜欢雨，喜欢在小雨里不撑伞；喜欢暴雨时坐在车里疾驰。我不知道，这些癖好是不是与那一场雨有关，是不是，那一场雨让我重新认识了雨。然而我清楚地知道，那场雨之后，雨的形象深深印在我所有能记忆的细胞里。

多年之后我依旧庆幸，那场可怕的雨终于没让我失去什么，反而让我更加欢喜雨。

一个霹雳，雨就来了。我不记得之前是不是有轻些的预兆，只记得那个霹雳，那个可以把房子劈碎的霹雳。

吓傻了的，不只是我。幸运的是，我当时不是一个人，而是坐在教室里。与我一起被吓到的，还有政治老师和几十个孩子。然而不等我们回过神来，暴雨就来了，以至于连窗户都来不及关上。衣服、书本，瞬间湿了一大片，哭了一大片。

那个时候，我上小学五年级。可怕的是这个学校在离家三里地之外的另一个村庄。

老师走下讲台一一把窗户关上，淡定地叫我们别看窗外，告诉我们再大的暴风雨也是暂时的，不去管它就会过去。我们的脸慢慢扭回讲台，心却不听话地留在窗外。

有同学在书包里摸雨衣，有同学开始挽裤腿。大部分，都在等这场雨结束。

而我不行。我不知道雨停会到什么时候。我知道离放学时间不远了，书包里却没带任何雨具，也没一个同村伙伴。

老天，你叫一个孩子如何在一条山路上应付一场暴雨?

我在心里哭泣时，奇迹发生了：一个雨人闯进教室。

是妈妈。

一大早，妈妈不是去姥姥家了吗？

哗！我的眼泪欢喜地流下来，那么大声地在安静的教室喊了一声："妈——"

同学们随着声音扭身看我，他们噙着还未完全收回的泪放声大笑。我知道他们不懂，不懂我此刻复杂而欢喜的心情。

老师懂。他温和地起身问妈妈：雨太大，能走吗？

能！妈妈坚定地回答。

老师麻利地帮我把书本装进书包。妈妈脱下身上的雨衣套在我身上，自己从包里翻出一张塑料布披上。老师看了，顺手抓起讲台边的草帽递给妈。

一出门，便被强烈的雨呛住了。

雨把人都打回了家。路上，只我与妈妈两个人。雨太大，一说话，就灌进嘴里。除了雨声，耳朵再听不到别的。因此我们都闭着嘴，妈妈紧紧拉着我，对付脚下的路。

出了村子，山路越发不好走。暴雨已经将本就狭窄的小路上冲开一条又一条口子。我走出的每一步，都完全要依靠妈妈的力量。我不知道妈妈怕不怕，但我的心是镇静的。

一直不怕的我，终于开始怕了。经过了不知多长时间的艰难跋涉，终于快进我的村庄了。远远地，看到我的村庄凹进沟里。这一段长而陡的下坡，成了此刻最难行的路。坡的一边是墙，一边是深不见底的深沟。坡的宽度只能容纳两人并行，除了淘气而不懂事的孩子，天气好时人们也都要分开一前一后行走，何况是暴雨天。

妈妈站住了，拉我的手紧了许多。

我隐约知道妈妈心里想什么，隐约感受到妈妈内心的恐惧。

又一个意外，我们远远望到一个人，正要下坡。

“等等——”妈妈用从未有过的嗓门大吼。三声过后，前面的人终于听到，回过头来。我跟着妈妈跌跌撞撞“跑”着到了跟前，才看清是我们村的一位叔叔。

“真好。”妈妈对着他，莫名喊出这一句。

“这，还好?”他显然懂了妈妈的意思，然而不忘开句玩笑。

一迈腿，就迅速下滑。试了几次后，叔叔告诉我们，不能走好路，只能踩在冲开的“渠道”里一点点下挪。于是，他在前面，我在中间，妈妈在后面。妈妈一只手抓着我，另一只手抓着墙。前面的叔叔斜着身子，一手紧拉我，一手伸在空中做平衡，随时为摔倒做准备。

好长啊，这一段我平时只用几分钟便可冲下去的坡，现在却张着大口恐吓着我。一个不小心，叔叔就会脚下一滑，我和妈妈便摇晃得更严重，一大半，是被吓的。有了这么两三次，我经受不住，滑坐在地，小小身子几乎从叔叔腿间溜下去。

最可怕的一次，是前面的叔叔倒了，猝不及防的我和妈妈自然跟着倒地，并被叔叔拖着滑行了一大段，最后是叔叔不顾一切终于抓住墙上一把草，才让我们停下来。

叔叔的脸白了，妈妈头上的草帽掉到了沟里，我哭了。然而叔叔和妈妈都没注意到我脸上的泪水。那个时候，我们每个人都是一脸的水，没人分得清是什么。

爬起来，继续下挪。叔叔甚至不敢再站着，几乎是半趴着靠着墙往前蹭。

“哎——”

“嗨——”

隐约，耳边传来人吼叫的声音。

三人同时抬头，清晰地，看到我们的村庄，与戴着各色雨具站在村边的人们。我不知道为什么我会再次流泪，反正那一刻我小小的内心第一次感觉到与村庄距离的遥远，以及内心与村庄的无比亲近。这种遥远与亲近，都是从未有过的，都是我人生中的第一次。

你看，村边站着我的伙伴，站着我的四奶奶，站着我曾经的老师，站着我的邻居王叔叔，还有许多平时并不来往的乡邻。他们每一个都探着身子，像亲人一样在大雨里为我们加油，替我们担心。

“看看，真是的。”妈妈没再说下去，声音有了哽咽。叔叔依然不敢有一丝放松，带着我们走下最后一截坡。

终于，我们下来了。三人站定，回头，寻找走过的脚印，看坡中间“渠道”里洪水猛烈下冲。

一下子，就忘记是怎么下来的。心里很怕。叔叔不知想什么，竟然使劲儿跺起了脚，似乎想把满脚的泥跺掉一些，却使泥巴飞起来溅了满身。

叔叔却笑了。

终于可以喘口气，回应村边的人。吼着打完招呼，却发现了新问题。我们与村庄，只隔了一条小河。平时，这条小河只流着浅浅的河水，裸露着一块又一块石头。女人们在上面洗衣服，孩子们在深些的地方摸蝌蚪小虾。今天，情势大变，小河几乎涨成大河，又宽又急。我们才知道，村边的人为什么用那种声音冲我们急切地喊。

一步之遥，却进不了村。

毕竟在村边，我们不再害怕。叔叔到河边小心洗干净手，返回来，干脆一屁股坐下来，望着眼前的急水憨笑。

我听到他长长出了一口气，我知道，他带我们下这个坡费了多大力气。

村边的人们陆续走下来，站到河对面。有些男人，试着找些木材之类的东西。然而一放到河里，便被冲走了。

“不管事的。”这边的叔叔冲着他们喊。

然而那边的人们还在想着各种办法，他们甚至打起一块石头的主意。七八个人，终于将一块石头挪到水里，可那么沉重的一块石头，竟然也压不住水，慢慢随水滑向下游。

除非有一座桥。连我，都能想到这是唯一的办法。

然而不可能有一座桥。

雨，在两边人的挣扎过程中，渐渐小了，慢慢停了。

希望，也有了。

一直紧张地站着的妈妈把身上的塑料布取下来，铺在地上，我们一起坐上去，等水落。

我怀疑这片塑料是否一直披在妈妈身上，因为她全身无一处是干的，除了湿，便是泥。

天黑下来，我们听到有人喊家人吃饭的声音。

河对面听到的人们却没离开，就那么陪着我们隔河说话。

妈妈喊：都回去吃饭吧！

对面问：你们都饿了吧？

有些人离开，有些人继续留下来。不一阵儿，离开的人竟陆续回来了，手上多了一些东西。

“起来，接着！”有人冲我们喊。

叔叔起身，他们便使劲往这边扔。但好几次，东西都扔到了水里。我看到，那是一个个塑料袋，里面装着东西。

“啪！”终于，有一个袋子扔到叔叔脚下。打开，是三个馒头，一些咸菜。

“吃吧。”叔叔把第一个塞到我手里。就那样，我们三个一只手抓着馒头，一只手抓起咸菜，吃得有滋有味。

叔叔一边吃，一边给我说起故事。叔叔的口才并不好，把一些我早听过无数遍的故事说得支离破碎，然而在那样一个情境下，那样一个依旧飘着雨丝的暗夜，我听得津津有味，笑得满眼是泪。

水，便在这欢乐里一点点落下去。河那边几盏电光在水面射一阵，在我们身上射一阵。

“落了！”不知过了多久，一个声音惊喜地喊过来。

我们从暗夜的淤泥里站起来，伸个懒腰。对面已经有人扛来两块木板。河中间一块最大的石头露出头来，接了两块木板。

一座“桥”，就这样给我们三个架过来。依旧，叔叔在前，我在中间，妈妈在后。一前一后两只手，对面一片人，温暖着我走在河上的一颗心。

“这场雨啊！”所有在河边站了那么久的村人，叹着这句话各自回家了。

家里，我与妈妈一件件脱下身上看不清颜色的衣衫，泡在一大盆热水里，洗泥巴，讲雨里的每一步。

奶奶把两碗热气腾腾的红糖姜水放在桌上，抱着不懂事的弟弟坐在我们跟前听刚刚的故事。于是这个小屋里，讲一阵，笑一阵，暖一阵。

由此，喜欢上雨。

那场可怕的暴雨，并没给我带来阴影。谁能否认，不是缘于那场雨里的那些人？

浅浅的贵阳，深深的印记

题 记

清晰而踏实的路线。心里的陌生感与些许不安瞬间消失了。我提出，留他一张照片。

我不知道他是谁。

唯一安慰的，是手机里存下一张他的照片。

2014年6月16日，我从昆明去珠海，在贵阳中转。其间的三个小时，我想打发在这个初次谋面的城市上。

那个时候，我还不认识贵阳的闺蜜，以及后来通过她认识的几位朋友，只能网上搜索，发现市内最可去的地方是甲秀楼，之后就独自登上去往市内的机场大巴，寻明代踪迹而去。

这是我第一次踏上贵州的土地，陌生、好奇而胆怯。下得大巴，眼前是贵阳市的迎宾大道——遵义路，是贵州本土第一代建筑设计大师和规划师的作品。轻轻地，却极具仪式感地踩上去，希望第一时间吸纳到山城的地气。

有一颗孤独的心，却没有孤独的勇气。何况一旦离开生活的城市，便辨不清东西南北。掩起内心的不安，假装豪迈地打量着这座城市，在心里牢牢记下这个站点。

按照网上搜索的路线，小心行走。贵阳的街道整洁清爽，不远处就是极具民族风情的一处仿古建筑——贵州民族文化宫，周身流淌着少数民族风情。不由多看了几眼。

转角便是一条河。望，前方依然没有甲秀楼的踪迹，心便有些急。

沿着一条路向前。树木，建筑，花草，都成了我返程的亲切标识。遇一对带着宝宝的年轻人，问甲秀楼，他们几乎没抬头：不知道。

继续向前，错过几位不似本地人的男女，走向前方两位模样六十多岁的甩臂聊天者，两人听我重复了几次目的地，又向远方望了几眼，最终还是摇摇头：你再往前问问看。

忍不住再回头，远远望望下得大巴的站点。

踌躇间，一位模样特别踏实的大哥迎面而来，让我有了勇气再问一回。大哥转身指着前方说了路线，很详细。因有两处岔口，我的表情便不太淡定。他便说："我也准备回家了，带你走一段吧。"

放下心来，跟他沿河向前。大哥话不多，只问我是不是第一次来，告诉我路不算远。走了一段后，出现岔口，他停下来告诉我："从这里下行，一直往前，前方会再遇一条下拐的路，继续直行，不远再右拐，就到了。"

清晰而踏实的路线。心里的陌生感与些许不安瞬间消失了。我提出，留他一张照片。

他憨笑了一下，拉拉身上灰紫相间的毛衫，站定，一脸认真。想逗他笑笑，然而毕竟陌生，就这样按下快门。

与他道别，下行。

沿河风景很舒爽。对岸，贵阳棋院等几处欧式建筑倒映水面，清凌凌的，与水中的桥拱互诉着衷情。知道目标不远了，而时间尚早，我便慢慢逛起来。走一段路，拍一些照片。后来遇到一块石碑，才知道眼前的河叫南明河，是贵阳的母亲河。

河水清澈，深邃处定然潜藏着贵阳人的宿命。没时间读，包括流淌的历史回声。穿城而过的这条河，让沿途都挥洒出浩荡的江河气息。河面偶有一艘工作人员的小艇划过，将贵阳的夏荡漾出层层涟漪。

前面，果然一处岔口，铭记大哥嘱咐，不拐，直行。许是他的温暖一直跟着，抑或是一直怀疑他刚刚本不是要往家里走而是专程送我，便下意识回头，望向之前与他的分别处。

猛然，我在高处看到一张探出的脸，是那天贵阳唯一熟悉的一张脸。他一时躲避不及，用最快的速度缩回暗处。

他没想到我回头，我没想到他探头。

尴尬之后心头一热。大哥竟以这样羞怯的方式，远远地，耐心陪同我慢悠悠晃到下一个岔道口。

一座陌生的城市，一个初识的异性。他一定是觉得，他的指路方式已经够热心，实在不合适再送我前行。然而面对一个异乡女子的求助，他又有点担心我走错路，误了美景，惧了这座城。

于是，便远远看，若我顺利按他的指引过了岔道，才彻底安心。

可是，我给了一个令他极其尴尬的回头。他一定会在心里责怪自己，不该停下来目送我。他不知道，我又多么愧疚那一个回头，打碎了他本该安心离去的脚步。我无法告诉他，我一点不会嘲笑他的太过热情，更不会怀疑他的用心。

他必然不会再停留，一定是步履沉沉地往家走；我也不敢再回头，快速走向甲秀楼。我知道他与我一样，后悔着自己的行为，担心着对方的感受。

对不起，大哥。

飞檐，翘角，阁楼。远远地，与图片一样的楼阁高高矗立在南明河上，出现在大哥指尖尽头。

心头一暖。

迫不及待扑进这处城南胜迹里。流连其间，眼前忽而就叠加出他的脸。

少年时遇到的你

题记

到了村口，他终于停下来，掏出手帕擦掉我流了一路却不敢擦一下的泪水，之后开了口："明天一早，记得按时收作业。"

夏日，周末，一个太阳红艳艳的午后。

那一天，我跟着妈妈在邻村小庄。记不清当初因什么事去小庄，总之那顿午饭是跟妈妈在她的朋友梅姑姑家吃的。饭后，梅姑姑边洗碗，边与妈妈继续聊她们之间永远没有尽头的天。

梅姑姑的两个女儿大凤与小凤，早已按捺不住。一个眼色，我们跑了出来。

沿途，大凤小凤又从两个门里喊出青青和三萍。

去后山吧，好多花。大凤这个建议，我们一致通过。

太阳热辣在头顶，大多数门里的大人们都睡了。很多男孩子们，都结伴跑到村下的大河里。他们像泥鳅一样光溜溜漂在水里，堵回一些想到河边玩水的女孩子。

后山好静啊，静得只有花儿与轻风对话。满坡的花，大多是叫不来名字的。其实，乡人们从不给这些野外的花起名字，统统叫它们野花。可是，野花好多啊。野花摇曳在风中，在阳光下，诱惑着少女走近。

野花没有主人，野花似乎也采不尽。五个女孩一瞬间撒进花丛中，忘记了谁喜欢紫的，谁钟爱粉的，哪个又爱极了多色。人手一捧在手，才发现个个脑门上渗出汗珠。

好在，旁边有一棵大树，大柳树。花样的女孩，各抱了一捧花，聚拢在树下。

浊漳河在远处，慢慢流淌。偶尔，有一位农人从桥上走过。山也静，河也静。整个后山，只有我们五个女孩的声音。

麦子黄了。对面山陵上，一浪一浪随风摇荡。很快，收割季就要到了。而孩子们，也要在大人收割完之后，跟着到每一块地里扫一遍。被漏掉的麦穗，就会被我们这些孩子一穗穗捡起，一把把捆成一捧花的模样，交给学校。

突然，谁的视线里有了新发现。

“那里！那里！”一瞬间，她的声音充满惊喜。顺着她的眼神，还有手指，我们齐刷刷望下去。

“呀——”一个看到了，两个看到了，我们陆续都看到了。

杏儿，杏儿！真的呀，下面沟里，黄灿灿一团出现在视线里。那就是麦黄杏吗？每年随着麦子一起成熟的杏。

我们都确定是。

一定，很好吃吧？不知谁先说了一句。接着，甜甜的感觉就流进我们嘴里，胃里。

“我们，去摘几个好不好？”又是谁，大胆建议。

多想呀！我们几个先是不说话，继而就相继点点头。大晌午的，一个人影也没有，悄悄摘几个，也不会有人发现吧？

那黄黄的杏儿，实在诱人极了。于是我们把五捧花整齐摆在柳树下，往沟下走。我们不由自主，蹑手蹑脚。其实，即便我们放声唱歌，也是没有人听得到的。一道长长的坡过后，再拐进一道长长的沟。

一路，也遍满野花，还有数不清的毛毛狗草。然而我们无心停下来，只想尽快走近杏儿。

然后，就可以回到柳树下，抱着花儿，吃着杏儿，唱着歌儿。一个美好的周末夏日晌午画面，悄悄升腾在我们脑海里。

近了近了，黄黄的杏儿就在眼前了。真黄呀，真大呀，也一定，真甜呀！

不会，有人吧？还是不知谁悄悄嘀咕一句，也是提醒我们，好好把周边看仔细。她这话把大家都吓一跳，于是屏气站定，环顾四周。

没有。

真没有。

我们一一扫视过上下左右。我们相信，除了我妈妈和大凤妈妈这样久不见面的聊天者，其他大人们此刻正在午睡。我们相信，这是一个最安全的午间。于是，我们的手，小心地，却快速地伸向那黄黄的杏儿。为了摘几个更大的，小凤还大胆爬到了树上。

“上面的才大！”她高高在树上，得意地告诉我们。

“快摘两个下来吧！”大凤不忘压着声音提醒她。

“小凤，你摇两下！”青青仰着脸，望着黄黄的大杏儿。

小凤两腿蹬好，用力。哗哗哗，十几枚又大又软的杏儿掉了下来，落在草丛中。我们忙着拣，青青已经把一个塞进嘴里。

太甜啦呀，她啧啧着嘴。还是大凤，提醒大家不要吃，拣起装进口袋里，又回头催小凤：再摇一下快下来！

“摇好几下吧——”小凤压着声音欢喜地看一阵我们，再抬眼看看头顶的杏儿。

就是这一抬头，让她惊慌失措起来，“来人了来人了！”

哪里，在哪里呀？我们惊出一身汗。谁都知道，每个村的果子都有专人管，这些成熟了的杏儿，要统一归集体。谁要摘，就是小偷。

我们慌了。小凤更慌，惊得几乎从树上跌下来，慌张之际，被一根树杈挂住上衣，把上衣撕出了一道长长的口子。

快跑！不知谁喊了一声，我们拔腿就跑。一边跑一边侥幸，来人不是冲我们的，甚至压根没看到我们。不敢顺路走，我们沿沟边跑，中途发现一眼窑洞，几个人没有商量就一起钻了进去。

惊魂未定。咚咚咚！我们彼此，可以听得到对方如雷的心跳声。然而紧要的是，我们都竖起耳朵听着外面的声音。

千万，千万别有脚步声传来呀！那个时候，我们小小的心里都在祈祷。然而，然而事实却相反，不到十分钟，一个人的脚步声清晰地传进我们的耳朵。

“这，怎么办呢？”小凤先吓得要哭出来，“要是保堂就糟了！”

“保堂是谁呀——”我问出这话时，感觉该是像我们村老黑一样的角色，专门负责村里果树管理的，脸黑，说话语气也黑。

果然，小凤说是。

我的手，紧紧捏着裤兜里的杏儿。两个本就很软又是从树上摇下的杏儿，很快被我捏破了。

“出来！”一声惊喝，出现在窑洞口。

“就是保堂啊。”小凤轻轻说着，眼泪顺着就掉出来。我们战战兢兢，不敢动。

“说你们呢，出来！”又是一声，比前面的声音更大更狠。不由自主，跟着他的吼声，我们挪到门口。

“就知道大中午有人不安分！”他一一扫过我们的脸，“以为没人知道，是不是？”

“大凤，小凤，青青，三萍！”他很厉害，一一点出她们四个的名字。

“你是谁家的？叫什么？”他看到我这个生面孔，目光停在我脸上问。

“我——”我不知道告诉他会是什么结果，会不会也像我们村一样，抓到偷果子的孩子，都要叫家长、告老师？

我的眼泪一下就涌了出来。我是好孩子啊，我从来没有偷过村里的果子吃啊。可是今天，我确实是偷了小庄村的杏儿。我，也成小偷了吗？

想着，眼泪已经莫名流了一脸。我在心里求这个陌生的人，放过我。

“没听到？问你呢，谁家的？叫什么？”他几乎是吼过来。我再不敢不开口，乖乖告诉他我的名字，还说出我村庄的名字。

“怪不得眼生。”他的语气并没缓下来，“敢到我们村偷杏儿，你们张老师我可认得。”

“不是啊——”我在心里大声哭泣，我并非是跑来偷杏儿吃的呀。可是，我该说什么？我的话，他能信吗？

“出来，跟我走！”我们五人，跟着他穿过这条沟，拐上那道坡。

一路走，他一路训。大意是我们放假不好好在家写作业，竟要跑出来偷杏儿吃。

“你们几个女孩子，不害臊吗？”他这话，一下戳中我们的痛处。谁说，我们不害臊？谁说，我们是专门跑出来偷杏儿的？

“回去先把你们家长叫来，明天去学校！”

“哇——”青青率先大声哭出来。我们几个，也都跟着哭起来。

“这是怎？”突然，前面出现一个声音。抬头，竟是大凤小凤的爸爸，提着一把镰刀。他是要去割麦吗？我似乎看到救星。我们都停下来，看着他。

“问问你两个姑娘吧，大中午干的好事。”保堂并未因遇到大人而缓和下来，倒显得更加得意。他又把头转向大凤小凤，“把你们兜里的东西，拿出来。”

大凤小凤听话地将两边兜里的杏儿掏出来，大凤三个，小凤只有一个。她在树上，根本还未来得及往口袋里装。

她们的爸爸瞬间知道了怎么回事。“啪——”一个巴掌打过来，是大凤。又一个巴掌打过来，是小凤。

“家里找不到你们，原来出来干这个！”她们的爸爸很愤怒，同时眼神也向我扫过来。

炎热的山中午后，两个女孩的哭声交替响起。

扭头，就是那棵柳树。五捧艳艳的野花，还乖乖在树下等我们。很想大声告诉大凤爸爸：看，我们是来采花的。可是，我没有勇气说出口。我生怕，他再开口，就要告诉保堂我的妈妈在他家里。

或许是这位爸爸的举止出乎保堂意料，他不再向眼前这个唯一的家长要求什么，指着青青、三萍与我说：“走！”

我不知道，妈妈知道我这样被“押”回小庄村，会是什么样的反应。会不会，也向大凤小凤爸爸那样，打我一巴掌？妈妈眼里，我一贯是个听话的处处受表扬的孩子，而今跑到小庄村偷了人家杏儿，而且被抓……

我后悔死了，难过极了，不敢再想下去。

正在这时，迎面竟过来一个人。天哪，不看则罢，一看倒更加让我绝望。怎么偏偏，他出现了？怎么没有早一点回到小庄？我宁可把这一切告诉我的妈妈，宁可挨一顿打。

可是，他已经看了过来。

他是保堂认识的张老师。

那一刻，我羞得无地自容。我，是他眼里最乖巧的学生呀。几乎每一天，他都是要夸奖我的呀。可是如今，我成了小偷，就在他眼前。

“怎么回事?”他问保堂，也问我。

看到老师，保堂更加神气也更加生气：“这几个孩子，大中午出来偷杏吃!”

“哦。”张老师的眼神一下向我扫过来。我不敢抬头，不能抬头，我恨不得变成一只老鼠，钻进洞里永远不出来。

“现在怎么办?”张老师问保堂。

“找家长，再到学校!”保堂说，“让老师同学都看看她们干的事!”

“他是我学生，交给我吧。”沉默一阵后，我的张老师竟然走过来，拉起我的手。

“那正好，交给你我放心。”保堂似乎为终于找到惩罚我的人而松了一口气，“别忘了告诉她家长!”

我的老师“嗯”了一声，牵了我向我的村庄走。他的手一直握得紧紧的，一路不发一言。我的脑海里，放电影般，映现着他用一根戒尺惩罚学生的画面。

到了村口，他终于停下来，掏出手帕擦掉我流了一路却不敢擦一下的泪水，之后开了口：“明天一早，记得按时收作业。”

我刚收回的眼泪，突然间又很凶猛地涌了出来。

叔叔家的炊烟

题记

村里的主要路段，都用一块块竖起的青砖呈“人”字形斜斜地铺了一层，虽有些浪费，却很艺术很乡村。

还是那条路。

庄稼，树木，河水，山岭，原样静止在老地方。

远远望下去，叔叔家屋顶的炊烟，淡淡地，袅袅而上。

一进村，便遇一位乡邻从门里出来。她举起右手遮住直射而来的阳光，疑惑地看我。与她的一脸好奇一样，我也一眼陌生，只能笑笑。那门，那院，都不是从前的模样。她也勉强挤出一丝笑容，眼神却执着地疑惑。

她一定想知道我是谁，去往谁家。

我说了叔叔的名字。

她恍然：你是小小?！从小总与青一起玩。

感谢，还不知道我回到村庄的叔叔，轻易用他的一个名字就把刚刚还无比陌生的我们拉回从前。原来，她竟是青的妈妈。与小时候的记忆大不一样。于是，我清脆地喊她一句：姑姑。

想不出当初为什么喊她姑姑，只知道从小母亲就这么告诉。

她也答得爽快，问长问短。关注多的，自然是我的母亲，与我此刻热切地关注青一样。我们热烈地聊，时而欢喜时而慨叹，以至于我可以看到地上的影子移动了多长。

我终于忍不住要去往叔叔家时，她才想起让我进屋坐坐。我说不用了，她也不再坚持，只在身后喊：让你妈回来看看！

继续前行，没遇到人。心里有些庆幸，加快步伐，有些害怕再遇到村人。每次回来，我都会提前告诉家里的亲人，他们也一定会早早到村口迎我，一路走，一路提醒我迎面而来的乡邻是谁，好让我欢喜而迅速地去除与他们之间的陌生。

此次只身一人进村，是想给叔叔全家一个惊喜，却忘记会随时遇到无法开口称呼的乡人。

迎面，又一位牵着孩子的女人走过来。远远看，细细想，却实在找不出一丝旧时谁的模样。她还年轻，自然不会像上了年岁的人一样盯了问长短，于是想就那样擦身而过好了。她也确实如此，疑惑地扫了我一眼之后，继续与孩子聊着一些童稚，只偶尔偷偷瞟我一眼。擦身而过时，她身上竟散发出一股淡淡的小米香，让我有些想驻足。

哎——，你去谁家？

没想到，她的孩子回头问出这一句。除了我，再无旁人，我没有理由不停下来。我扭身冲他笑：你，是谁呢？

看到我问，他竟羞涩了，迅速藏在妈妈身后，低低地说：臭臭。

臭臭啊，你为什么叫臭臭？虽然是无话找话，然而从小便喜欢小孩的我瞬间喜欢上调皮的他。

他嬉笑着不肯再说一句话，只把将我引回头作为乐趣与成就的得意挂在脸上。他的妈妈终于忍不住问：你去谁家？

我又说了叔叔的名字。她笑了：哦，他家小胖是我同学。

她口里的“他家小胖”，是我叔叔的小儿子。说句实话，如果每次不是回到这个村子，不是走进叔叔家院子，在外面任何一个地方遇到，我恐怕都不会立即认出这个亲叔叔家的小胖。他多少年漂在不同的城市，让我们之间的见面少之又少。每每回乡，我总要很仔细地辨认并努力记下那些堂弟堂妹的样子。爷爷弟兄四个，因此伯伯叔叔们多到八个，堂兄弟姐妹，便有近三十个。去年回乡，我与堂妹走在回老屋的小路上，一个放牛的年轻男子远远地斜躺在坡上。堂妹看着他提醒我：不认识了吧？他是七婶婶家的蛋蛋。于是我冲他笑。看到堂妹，他迅速猜到我是哪一家的，却还是冲我喊出妹妹的名字。

堂妹提醒：是姐姐。

“是姐姐?”他有些不好意思，“像妹妹。”

想起这些，忍不住快乐出声。

前一天刚刚下过雨，脚下的路却没了从前那般泥泞。村里的主要路段，都用一块块竖起的青砖呈“人”字形斜斜地铺了一层，虽有些浪费，却很艺术很乡村，与身边挂了青砖面的窑洞，长了些许杂草的房顶，以及一双双沾满尘土的布鞋无比相宜。我欢喜地踩在上面一路走下去，脑子里跳出的却是从前下一点小雨就会连续几天的泥泞。

叔叔家的炊烟越来越浓，越来越清。

又一个我似乎熟悉的老人从房檐后移出来，一篓子土豆在她手里无比沉重。前面坡上从前那棵大柳树在轻风里微扬，些许柳枝的影子便垂下来映在她脸上，忽明忽暗。她似乎有些哮喘，与当年我的姥姥一样，走走，就要停停。我欣喜，因为竟认出她，不是她没有变老，而是她变得比从前更老。现在想来，她是在不该老去的年龄，过早就成了一位老人。如今，她没胖没瘦，脸上轮廓依旧，只是深深浅浅又添了不少皱纹，腰身不再挺直。走近她，却突然想不起该如何称呼，记忆里她嫁的人家与母亲家是亲戚，因此该称“妗子”还是“表嫂”呢？这是两个辈分，所以不敢轻易开口。村里类似这样“乱了辈分”的人很多，一转身，一经年，就遗忘。于是只好什么也不叫，只用尴尬的笑脸报出我的名字。果然，她一听就笑了，还遗憾地说每次总是听说匆匆回来过。上下打量了好一番后，她关切地问：你是不是不想吃饭？是不是身体不好？怎么这么瘦？要吃胖胖的才好看啊！还有头发，要梳光光的扎起来才利索……

我无法一一回她，也无法让她理解我为什么洋洋得意现在的瘦模样，为什么要把我的头发弄到让她觉得乱蓬蓬且参差不齐。岔开这些，我一一回答她关注的我父母的一些事，在那个房檐下，在那些随风扭动的柳枝里。其间，我始终盯了她的脸，与她同样认真盯了我的脸一样。

之后的许多日子，我们都会在心里一遍遍再回味。

又一位老者挑了一担红薯从身边经过。她停止与我说话叫住他，认真地告诉他我是谁。老者从挑担里艰难地扭过头来，只漠然地看我一眼，边说不记得了，边扭身继续沉重向前，把粗重的喘息留在我们的耳朵里。

她不自然地笑笑，骂那个背影：人老了，傻了！

陪她，笑过。

别过她，下一个缓坡，叔叔家就在眼前。

院里的小花狗已经发现了我，一骨碌从正打盹的时光中站起身来，目光炯炯地扫向我的来路。

它一阵不同寻常的预报之后，屋顶的炊烟微微有了零乱。

一个熟悉的声音传来：谁？

我压住脚步，内心惊喜异常。

瓦楞花

题记

孩子们各自忙碌，孩子们早出晚归。在热闹中孤独的老人，于是宁愿回来，固守一个人的时光，以及她爱过的村庄。

总是相信，有味的风情在山里，深山。

上个夏季的一天，明明知道有雨，还是与朋友入得太岳山中。

地貌是绿的，山路是蜿蜒的，心情是与世隔绝的。隔绝了尘嚣，心就安放在山里，如同少时，与调皮的玩伴游荡在野樱桃树下，耽搁到天黑前行将迷路的日子。

那时候不打伞，裹一个雨披，闻着远处隐约呼儿唤女的声音一路跌撞着向前。等我的那盏灯光，在山中一个小村庄的窑洞里。小小的院子，小小的窑洞，充满天堂般的暖意。推门，爷爷奶奶在，叔叔婶婶在，待嫁的姑姑在。经常是，堂弟堂妹们挤在炕上，闹成一锅粥。他们最愉悦的事，就是期待着哪个孩子挨训，继而挨打。

一个哭了，一群笑了。这一天，便欢笑着结束了。

想着，雨便来了，瞬间大起来。泥泞的山路，车子无法前行，停在一户人家门口。

没有院门，三眼窑洞敞在雨中。一名六十多岁的男人闻声，站出门边笑。他不知道，此刻的他站成一道风景，雨帘倾泻而下，朦胧了他憨笑的一张脸。那是少时村中长者的笑，是看到淘气孙儿归家的笑。

不必客套，他闪身，我们冲进屋。

雨落一地，伞在门边，让这个静谧的院子有了声音与颜色。

才知道，整个院子只他一人。周边看不到院落，他似这山中唯一主人。灶台上干干净净，炉火中明明灭灭。

他的妻子不幸因病去了，儿女到县上工作了。他一个人守在这院中，将一应生活用品打理成妻子生前的明净。孩子们会交替回来，吃顿饭；或者像陌生人一样路经，仅仅喝杯茶。

快速喝下他沏好的热茶，身上有了热气。

顿顿，他又说：喝杯酒吧，太冷。

几只小小的粗瓷酒杯摆在灶台上，让若隐若现的火苗烘出温度。旧时的暖瓶，旧时的烧水壶，旧时的灶口铁盖……我们，也成了旧时的人。

一杯酒入口，暖意热辣辣升腾。

雨在敞开的门外，在隔着玻璃的窗外，由大转小。

此行的目的地，是池上。朋友说，池上是一个村，一个无比美好的村，如今只生活着一位老人。

只一位老人的村庄，是什么模样？

作别他的茶酒，作别他，向另一位老人行进。

路途比想象的艰难。车子行走很短一段后就无法前行，地面大小石块刺啦啦划动底盘的声音让司机异常心疼。起先还坚持人车并行，走一段，推一段，后来终于与一块石头相遇。

那块石头霸道地横在本就只能容一辆车通过的路中，不偏不倚。或许是曾经山石滑坡时它被甩在这里，便一天天一年年深深在这道坡上扎了根。人踩过，牛羊踏过，毛驴车压过，然而到今天，汽车却通不过。

凝视良久，对视无语。马达终于在古老的山石前败下阵来，车子缓缓退后，慢慢转身。

步行吧。这样的村庄，只有用双腿送上敬仰。

山路泥泞，幸而有碎石防滑。没了车子的拖累，才有心情细细看景。路边，布满层出不穷的野花野草，有些识得，大多陌生。它们自古就默默生长在这山中，无须有人给它们取一个名。

一路上坡。朋友也说不清有几公里路，只说印象很远。后来算算，最多该在四五公里，但因视线内一路是望不到尽头的坡，便觉漫长。

三只蝴蝶从身边翩然飞过，落在一朵紫色花瓣上。

闻不到花朵的味道，也听不到蝴蝶的心跳，更不知这山中，有多少这样花与蝶的热烈拥抱。

这场景并不陌生，是少时去亲戚家常会遇到的情景。那时候没有地标村标，顺着花，沿着草，从一个村庄走向另一个村庄，靠的完全是大人的引导。

只是，走着走着，大人便不在了；走着走着，孩子便走成了大人。

姨姨家，姑姑家，远房舅舅家，一个个近的远的亲戚，一条条弯的曲的山路，走满少年记忆。

如今，我要以少年的脚步，少年的心情，去探访一位陌生的老人。

一位陌生的老人，安然生活在山中。她不知道自己活成风景，吸引着陌生人走近。

大约一个小时后，被花与蝴蝶引上一处山顶。视野终于开阔起来。参差不齐的房舍在远处呈现，朋友一指：就是那里！

那是一片花坡，是一片豁然开朗的绿。山坡上，小径上，散落着成片成片的花儿，草儿。房舍连着一处矮矮的山头，上面布满密密的树。

一群羊，散落在树的更远处。

进村的一条路面上，零零乱乱生长着泥泞的苦菜，车前草，毛毛狗草。村庄依傍的山上流动着雨后的云雾，与天相连。望过去，那片房舍大约有十多个院子，均为土坯房。青色的瓦因年久，已经幻化为沧桑的黑。

一处处房舍，依然坚强依偎，坚守出村庄曾经的样子。

越走近，越清晰。一代代人踩出的如水泥般坚硬的那条土路，已经抵不过柔嫩青草的力量。老人的足迹，早已延伸不到这里。那是她从少妇时代走进的村庄，曾走遍角角落落，走过沟沟坎坎，最终却只能止步在老掉的新房里。

新房变老房，少女变老妪。

依旧的是天空，以及经过村庄的风。

朋友的心情比我急切，他匆匆的脚步只向着老人的房舍，边走近边嘀咕：老人家，还在吧？

几处房屋过后，他惊喜地看到老人的居所。果然，院中的房屋尽管也很残破，屋顶却是与别家不一样的红瓦，看得出近年有过修补。

粗粗细细长长短短的木材围成院墙，大门是两扇历经风雨且不到一人高的旧门板。院中屋檐下放置着大大小小的水桶，锅，盆。不必问，那是用来接雨水的，像极了少时院中的风情。

“老人家——在吗?”跟着声音，我们走向中间唯一有人迹的房屋。透过窗玻璃，一位老人在炕上侧身而睡。听到声音，她翻身招呼：快进来!

灰色上衣，淡青色头巾，灰色中隐约透出一丝格纹的裤子，腰间一条灰围裙。一个灰色调的老人家，定格在灰色的屋子中。她的领子、袖口、围裙，零乱着三餐的痕迹。炕上是被褥、枕头、衣物，还有伸手可触的碗筷。地面有限的空间里，挤放着凳子、椅子、米面、土豆、灶台以及一口大大的水缸。

“心想事成”几个字，以及四世同堂的儿孙，满满挂在老人的墙上。

想给她把东西挪挪，腾出点地方，她却拍着让我们上炕：“不用动，没人来。”

曾经就是这样的炕头，围坐着像她一样的爷爷奶奶和成群的儿孙。炕上是吵闹的，灶台边是吵闹的，院外是吵闹的，远处的村庄是吵闹的。

那是奶奶极嫌弃的吵啊，她常常举着那把捅火的铁花筷说，快都长大飞走吧。

她未料到，儿孙们飞走，是很快的速度。很多年，我家的老院子只剩了奶奶一个人。

那一个个无人的白天和漫漫长夜，她是不是一次次怀念曾经的吵闹？

曾经想问奶奶的话，今天又想问问这位老人家。可是，未及开口，她倒拉了我们的手一遍遍问，从哪里来？到哪里去？多大了？孩子几个？九十岁的老人家柔柔的一双手，像极了那几年的奶奶，紧紧挨着好不容易盼回的孙儿，问长，问短。

琐琐碎碎的声音，让沉寂的屋子变得生动。

老人也曾跟着儿女，生活到热闹的村庄。可是，孩子们再不是当年炕上围着她不肯散去的孩子们。孩子们各自忙碌，孩子们早出晚归。在热闹中孤独的老人，于是宁愿回来，固守一个人的时光，以及她爱过的村庄。

这是一个安宁静谧的村庄，纯净，明媚。这是一个美好无比的村庄，静美，纯粹。

这个村庄之所以让人挂念，是因为还有一个人的烟火。老人用白天的一缕细软炊烟、夜晚的一束暗淡灯光，光明了这个被人遗弃的世外桃源。

离开时，腿脚不灵便的老人执意下炕，拄一根木棍送我们出门。隔着矮矮的院门，老人依依挥手：“说了好多话，高兴。”

老人的笑容，凝固在风中。

出村时，才细细关注村中风景。零乱的木材，几乎不再完整的房舍，坍塌的猪圈、厕所，残破的平车，曾经欢愉此刻静寂的电线杆，便是这个村庄的全部。

那些无人居住的屋顶，瓦楞间，竟生出一丛一丛绚丽的花。

那便是瓦楞花吗？只在孤独中隐秘绽放的花。

这是光阴的结晶，是岁月的沉淀。无人的院落，无人的屋顶，它们在瓦楞间安然生，安然长，安然绽放。这些特别的花有红有白有紫，与花下的藻、斑驳的瓦、瓦楞下依旧在剥落的墙皮，合围成一幅绝美的油画。

这并非为主人盛开的花，绽放出神秘的光芒。

回身，老人在远处。我指指屋顶，在空中比画出一捧花。

我想，让她来看瓦楞花。

不知道她是不是懂了，看不到她是不是笑了，却看到她的手在空中摆动了。我知道，她走不过来了。

出村，迎面，遇到一个牧羊人。羊不在，他拖一把羊铲从小路逶迤而来。

我知道他是常给予老人帮助的人。他会偶尔从山下老人的儿女手中接过半袋面，或一捆葱，送进老人家门。

拦住他去路，很想聊点什么。他的一双眼竟有些警觉。避不开，便低了头不说话，只将羊铲在泥泞里扭转。

“那是你的羊吗?”

他跟着将眼光放到远处树后一群涌动的白里，终于开了口，然而不知是因寂寞的大山中长久无人，还是别的原因，一句两句后便不再吭声。

侧身让过，他拖着羊铲走了。

远处，老人的身影模糊成一个小黑影，像极了曾经的奶奶。

村庄又裹进绿和雾中，恢复了无声的寂静，那么盈润。

淡出视线的瓦楞花，隐隐约约，安安静静。

我一定会记住你

题记

我说得越是狠，她笑得越厉害，是婴孩特有的那种脆生生的笑，是能把人心融化的那种笑。

那年，我上小学三年级。

一个下午，因学校要进行扫除，我又像往常一样去就近的表姑家借工具。进院子，喊了几声无人，却看到屋门开着，玻璃内窗户上贴着一张婴儿的脸。

走进去。

除了趴在窗户台上一个一岁多的婴儿，再无人。婴儿是表姑家最小的女儿，哭得泪流满面。

表姑呢？还未来得及想，婴儿已冲着我过来。才知道，进来之前，她一直在哭。此刻看到我，便像看到救星，蹒跚着努力向我移过来，在还未完全挨到我身体时就直愣愣扑了上来。

小婴儿的力度很猛，我不由得倒退一下，同时死死抱住她。她的脸也紧贴上来。瞬间，鼻涕口水裹了我满脸。连她胸前的衣服上，都完全被口水眼泪浸透了，硬邦邦湿漉漉的。我极力想把她推回炕里，她却死死贴着我，一只腿还迈出炕外边。

我知道她太寂寞了，如果不是我，换了别人她肯定也会这么做。在这个死一般寂静的午后，她一定极度渴望有一个人，把她带出这孤独的屋子。

可是，她的妈妈，我的表姑呢？

于是我对她说："妹妹乖乖坐炕上，姐姐去给找妈妈。"

或许是怕我离开，或许是听到"妈妈"两个字，总之她一边用小手死死扯住我的衣服，一边哇地大哭起来，把我一颗也是幼小的心哭得软软的。于是，我赶紧从手边拿过一条毛巾，一边帮她擦掉那些鼻涕口水还有眼泪，一边哄她："姐姐不走，姐姐和你玩。"

可是，我还要回学校，我只是来找一把扫帚，或者一个簸箕。我怎么也想不到，表姑不在，我会遇到独自在家的小婴儿。

该怎么办？

婴儿又哭。或许，是饿了？我从桌上拿过一片干馍馍片，喂她。她边哭，边吃，同时不忘死死拽着我。这情景让我措手不及又心急如焚。我不断望向门外，可连一个鬼影子也没有。

我抱着她挪回窗户台，把炕上一些破玩具放在她手边。我极力哄她，想伺机脱身。我天真地想，只要我跑出院子，离开她的视线，她便一定又会像我进来时那样，贴在玻璃上等妈妈。

而她的妈妈，也会在不久后回来。

趁她不注意，我一闪身下得炕来。

“哇——”她不仅瞬间大哭，还像我刚进来时那样猛地冲过来，看都不看脚下。眼看她一只脚就要踩到炕外，我赶紧冲过去把她接住。没想到，这一个吓坏人的动作倒把她逗乐了，她竟淌着鼻涕“咯咯咯”笑起来。

“笑个屁！”我不禁有些生气，“你这蠢孩子，等着把头上摔出大包吧！”

我说得越是狠，她笑得越厉害，是婴孩特有的那种脆生生的笑，是能把人心融化的那种笑。我明白，她还仅仅是一个不会说话的婴儿，她还分不清说话和骂人的区别。她以为，我在逗她玩。

若在平时，我很想逗她玩，很想陪着她一起笑。可是，我有事，我得找把扫帚回学校。

不仅笑不出来，而且越发气恼。

蠢孩子！

我又骂了一句。不过这回我不再用劲，我不想配合她傻傻地乐，更不想让她那么开心。我生气，真的生气。我一直在心里埋怨表姑，我甚至后悔自己不该来她家借扫除的工具。学校，老师，同学，他们一定都在说我，找我，甚至骂我偷懒跑掉了。

可是，我真的是一个遵守纪律的好孩子，是一个在学校从未被批评过的好孩子。莫非，我的“英名”从此要毁在这个蠢孩子手里？

我得想办法脱身，表面却装得无比平静。

婴孩看我没了要走的意思，也放松下来，只轻轻抓着我，坐在炕边吃馍片，两只小脚还一晃一摆，打着节拍。

农村的炕，一边靠墙，一边靠窗台，一边连接着比炕沿低的灶台，一边便是空的，用来上炕下地。看看表姑的灶台，乱七八糟放着各种铁锅铲子，火上还烧着一口锅，已经在微微冒着热气。

如果我走了，如果这个傻乎乎的婴儿走向灶台，或者像刚才一样把腿伸向炕外，会怎样？小时候，我可是被灶台上的稀饭烫伤过手。这个小婴儿如果掉在那口冒着热气的铁锅上，会怎样？

不管她的腿迈向哪里，都是一件十分可怕的事。

摊上她，我该怎样？

可是，我必须得回学校，必须得参加大扫除，必须得完成属于我的那一份任务。如果我不在，我们小组就缺了一个人，其余的人就会被迫多干一些事，就会骂人。关键是，如果明天我告诉他们没回去的理由，他们一个个会不会笑死？就连老师，也一定会觉得我说的是鬼话。至少，他们会以为我故意找借口，偷懒。

这个与我无多大关系的小婴孩，只会给我带来坏运气。

要怎样，他们才会信我？我就那样站在炕边，任小婴儿抓着，想着这些烦心事。

想来想去不得要领。最好的办法，是表姑回来。可是，可恨的表姑，在哪里?

暗暗发誓，以后再不来她家了。

以后的事，毕竟在以后。重要的是，眼下该怎么办。

我终于想到一个办法，于是抱着她上炕，把炕上所有的被子都拉出来高高地围成一个圈，然后把小婴儿放进去。我又把炕上炕下所有能搜罗出的玩具都扔进圈里，想着足够她把玩半个下午的时间。

那个时候，她的妈妈一定会回来。

刚把她放进我给她精心“设计”的“窝”内，她显得很兴奋，在里面又蹦又跳。趴下，再起来，与我“喵喵”地捉着迷藏。那些玩具堆在一起，也引起她足够多的注意，扔下这件抓起那样，玩得欢喜异常。

我一下子佩服起自己的聪明来，又恨这个办法来得太晚了些。

不管怎样，婴儿安顿好了。我一边应付她，一边慢慢移动脚步，走到院子里。

等我刚刚把扫帚拿在手里，婴儿又惊天动地地大哭起来。我狠狠心，决定不再返回。我的理由是，反正我进来时她是一个人，我走了，她不过还是和我进来前一样。

关我什么事？

拿着扫帚，头也不回朝着大门外走去。

“哇——咚——”我迅速判断出，后面那一声“咚”与铁锅有关。我想着火上那口冒着热气的铁锅，想着我像她一样大时被稀饭烫伤的手，扔下扫帚冲回屋里。

所幸，婴儿还好好地在炕上，只是已爬出被子围成的包围圈，正趴在炕沿上探出头边哭边看院外，眼泪鼻涕吧嗒吧嗒掉在地上。那些玩具，被她东一个西一个扔到了不同的地方，有一个，便是砸在锅盖上，发出了巨大的“咚”声。

祖宗！你要怎！

我一把将她推回炕中间，学着大人骂孩子的模样，暴怒着瞪她，同时手“啪啪啪”拍在炕沿上，震得手疼痛异常。

“咯咯咯——”她竟然又没皮没脸地笑起来，笑声还震落了一颗挂在眼边的泪水。

蠢蛋！蠢蛋！

我骂，她笑，都是发自内心，真真地散开在这个屋里。

我知道，我走不了了。我没有勇气把这个婴儿独自扔在屋里。不管我来之前她是不是一个人在，反正我觉得扔下她就是我的错。

不由得，我哭了。不是为她，是为我不能回到学校，是悔我为什么要走进这个院子里来。

我真的无比委屈。我的委屈，都是眼前这个婴儿造成的。可是，我却不能求得她理解，不能对她发牢骚抱怨，甚至连发怒都显得那么无力。

只好哭。

想不到，她爬过来，伸出一只小手来替我擦泪。

突然觉得有些丢人。我，一个大孩子，竟然在一个小婴儿面前哭。而这个婴儿，这一刻突然变得这么可爱，令人怜悯。

我再次拿起毛巾，到盆里洗干净，认真帮她擦干净脸，还有手。我把干干净净的婴儿抱在怀里，走到院子里。

婴儿高兴极了，在我怀里欢喜得扭来扭去，一双小手紧紧搂住我的脖子，情景像极了一对亲姐妹。

那个下午，我就那样和她坐在不冷不热的阳光里，看鸡吃米，看猫睡觉，看喜鹊喳喳叫，看一只又一只小鸟落在院子里，扑棱棱乱跳。

不知不觉，天黑下来。表姑，终于喘着气出现在院子里。

不知为什么，我的眼泪，突然就从嘻嘻哈哈的脸上淌下来。

表姑着实吃惊于我的存在，也说了她为什么没能及时回来。总之，她有些轻描淡写，告诉我婴儿其实被她这样扔惯了，自己在家也不会有事。不过表姑对耽误了我半下午的时间表达了歉意，更坐下来，细细帮我擦掉眼泪，把我拥在怀里。

表姑还说，她可以送我回家，或者奖励我一个好玩的东西。

而我，什么都不想要，只提出让她明天与我一起到学校。

婴儿看到妈妈，立即举着手要过去。一到妈妈怀里，她便紧紧搂住妈妈的脖子，时而又把自己的脸贴向妈妈的脸，把一颗小脑袋在妈妈的胸前滚来滚去。我再要抱回她，已是不可能的事。最可恨的是，她的眼神里，竟平淡如水，看不出丝毫她妈妈回来之前对我的那种依恋和柔情蜜意。

天哪，半个下午的感情，她是忘了吗？

这个坏东西，竟然这样赤裸裸在我面前演绎过河拆桥的事。

我不由得怒从心中起，恨不能一把将她抢过来，扔在院子里。

然而她在妈妈怀里。我只好从鼻子里哼了一声，狠狠瞪她一个白眼，还夸张地跺着脚表达着我的不顺意。而她，只是象征性地咧一下嘴，完全没有用“咯咯咯”的声音回应我此刻满肚子的怨气。

好吧，小婴儿。我狠狠发誓：“我一定会记住你！”

爷爷，你过来

题记

热气腾腾里，我看到爷爷就坐在他常坐的那个角落里，吸着一锅烟，吐着烟圈儿。

“爷爷，你过来！”

小时候，只要这一句，高大的爷爷便会放下手中正干的任何紧要事，快步走到我身边。

“开始！”我一边爬上他宽大的后背，一边“命令”。于是，爷爷便点起烟锅，开始给我讲那些已经讲烂的所谓“故事”。而我，尽管对每一个细节都倒背如流，还是听得津津有味，在爷爷背上笑得难以自制。

我爬在爷爷背上的画面，是一个院子的调和剂。

可惜，爷爷还是去世得太早了，这让仅仅与爷爷生活了七年的我实在记不得太多画面。

与爷爷有关的记忆总在夜里。放下饭碗的爷爷总是在炕上，靠着被子，燃着一锅烟。他的面前总会是我，追着他的烟锅捣乱。怕被我吹灭，爷爷便变着花样哄我，除了讲故事，还把吸到口里的烟变成一个又一个漂亮的“烟圈儿”。那些烟圈儿美丽地满屋飘飞，有时甚至吸引了地上正在吃饭闲聊的婶婶们。女人们在一起就是家长里短，但妈妈和婶婶们却从不敢在严肃的爷爷面前说哪怕一丁点闲言碎语，只有我与爷爷欢闹时，她们才能融进来说上三言五语。

一个闲聊解闷的晚间。不知道聊完哪个话题之后，在下一个话题还未接上之际，就那么很正常地出现了一个停顿。一个仅仅三四秒钟的停顿间，一个不正常的声音响起。

那个不寻常的声音就在我的身边，我马上知道是爷爷。

一家人瞬间有些尴尬，但却忍着急忙开启下一个话题。我却一阵大笑，像往常妈妈和婶婶们逗我那样逗大家：是谁放屁了？

“哈哈哈——”二婶婶率先忍不住笑出声来，尽管她的右脚被二叔狠狠踢了一下，还是未能控制得住。人们不是没有在公共场合听到过放屁，可是公公与儿媳妇们在一起，这个声音又恰恰在那么静寂的时候响起，确也是一件万般好笑的事。不过，我那时候真是不懂，只知道平时如果不小心放个屁，大人们总要一遍遍逗着我问，尤其是爷爷，甚至举着烟锅敲着我的脑袋相逼：到底是谁放的？而我，每次都不肯承认，并且要赖到别人身上。今天，我才知道放屁不光是小孩子的专利，原来大人们也是要放的，而且是那么高大的爷爷。

哈哈哈！我越想越觉得好玩，为什么不学着大人们的语气逗逗爷爷？

二婶婶还在笑，可她又不敢放开声来，于是哼哧哼哧憋得好像鼻涕都出来了一样。妈妈和三婶婶姑姑她们也在，也都是一副想笑又不敢笑的难受样。

看到此景，我欢乐坏了，跳起来冲着爷爷一遍遍问：是谁放的屁？

我确认，刚才那声响动就是从爷爷身体里发出的。可我生怕他们不知道，或者，怕他们冤枉是我。

“这孩子真傻，自己放了屁还好意思说!”果然，奶奶出来打圆场。说话的同时，还破天荒地从上了锁的柜子里给我抓出一把枣来。

奇怪的是，那是一次毫无意义的诱惑。炕上的我更加认真地为自己辩护:“不是我，真的不是我放的，是爷爷!”

“哈——哧哧哧——”这一次，无法忍住的是妈妈，她端着碗站起来就往外走，走到门口又返身想把我抱走。

我一下子就躲上爷爷的后背，摸着他的胡子继续逼问:“爷爷，快说，是你放的屁!“

妈终于无法忍受扔下我跑了。隔着窗户，所有人都听到她在院子里放声大笑。

婶婶们也跌跌撞撞借故离开了。最后只剩下奶奶边笑边指着我骂:傻孩子呀傻孩子。

我的爷爷，从头到尾始终没有说一句话，只是红着脸拼命吸烟。

多少年来，这个画面总是温暖而有趣地和爷爷绑在一起，并深深存在我的脑海里。

我倒希望，对爷爷的记忆仅此一点，哪怕掺有那么多尴尬。然而不是。在爷爷逝去的若干年之后，当奶奶感觉自己已经过上好日子时，常常挂在嘴边的一句话就是：你爷爷要活到现在多好，就可以饱饱吃一顿饺子了。

饱饱吃一顿饺子，是爷爷一生最大的奢望。

“饺子还能吃饱人?!”奶奶说，这是爷爷深信不可能实现的一件事。爷爷一生吃过的饺子，屈指可数。或者，只在每一个年?即使是一年之中的那一个年，那顿饺子也不是可以放开肚子吃的。奶奶尽可能在白面里多掺一些玉米面，尽可能在每张饺子皮里少包一些馅，可在一大家人面前，那饺子的数量还是极其有限。不等放开肚子，就见了盘底。饺子，对那时候的爷爷一家来说，仅仅能尝个新鲜而已。

爷爷无论如何也想不到，在他刚刚去世后，村里便实行了包产到户。地里长的庄稼，已经可以供一家人吃上饱饭了，传说中的白面饺子，也不再遥不可及。

比爷爷多活了近二十年的奶奶此后每每吃饺子，都止不住热泪长流。饺子让奶奶无法不想到爷爷，无法不想到爷爷到死也没能饱饱吃上一顿饺子。奶奶甚至非常自责，她说，在爷爷病时为什么不借一些面回来给他包一顿饺子？

或许，谁都想不到爷爷会那么快离去。或许，即便知道爷爷日子不多了，猪肉白菜当时对奶奶一家还是极其奢侈的事。

我不知道，爷爷临死之际心里有没有惦记过饺子，爷爷的心里有没有想过饱饱吃一顿饺子之后再离开这个世界。爷爷想没想过，自己耕耘了六十年的土地，怎么竟收获不了一顿饱饱的饺子？

想到这些，就忍不住想哭。有多少人，像我的爷爷这样，含恨而去。他们的恨，仅仅是没能放开肚子吃一顿饺子。

多少年来，每当吃饺子，我总是忍不住想起爷爷。我会想，填饱爷爷的肚子，需要多少个饺子？三十个肯定不够。五十个够吗？八十个够吗？唉，就是给爷爷包出一百个放在面前，又能怎样？

今天，不过节，也不是谁的生日，只是一个平常再平常的日子，我学着包了饺子。捞出来，满满三大盘。我砸了蒜泥，兑了老陈醋，倒进小碟，坐下来。

热气腾腾里，我看到爷爷就坐在他常坐的那个角落里，吸着一锅烟，吐着烟圈儿。

“爷爷，你过来!”

爷爷看到饺子，欢喜地在鞋上磕掉烟灰，欢喜地坐过来。

一盘之后，爷爷说，太香了；又一盘之后，爷爷说，快饱了。我坚持让爷爷把最后一盘也吃完，看爷爷拍着鼓鼓的肚皮，打一个很响的饱嗝，满足地看着我：“原来，饺子是可以吃饱人的。”

一碗饭，一条命

题记

多么喷香的一碗和子饭啊，就是他一路奔向的那个味道，就是老伴手里的味道，就是灶台温暖的味道，就是儿孙们簇拥的味道，更是饥肠辘辘的胃急需的味道。

多年以后才知道，我的曾祖父，竟死于一碗和子饭。

乱刀扎遍周身。

我的情感往上，只能延伸到我爷爷那里。所以对于他的父亲，我的曾祖父，未曾问过一字一句，更不知道在他身上还有如此血腥的往事。

听妈妈讲过曾祖母，因为她结婚后好多年与这个寡居的奶奶住在一起。那时候听妈妈深情讲述我的曾祖母，与听别人家奶奶的故事一样，收不进心里。

我的小姑姑没有见过她的爷爷，即我的曾祖父。七十年后的今天，她把听来的故事讲给我。那个下午，她哭了，因为那是她的爷爷。提笔的这个晚上，我感觉到了疼痛，几次潮湿了双眼。才意识到，曾祖父的血液，通过爷爷，通过父亲，已经延续到我的身体里。

姑姑从她的父辈那里听说，那段日子，曾祖父一次次嘱咐他的二儿子，也就是我的爷爷：啥也不要顾及，保护好两个孩儿！他说的两个孩儿，其中之一就是我的爸爸。那时候，日本人进村如家常便饭；那时候，爸爸才不到两岁。他一次又一次，与我的大姑姑一边一个，惊恐地坐进我爷爷的挑担，慌乱地从家中奔向大山里。

我一遍遍想，我的曾祖父，在嘱咐过儿子啥也不要顾及之后，为什么，还要回头喝那一碗和子饭？

那个午后，人们像往常一样跑向大山深处。可是半路上，曾祖父却改变了主意：你们先走，我回去把那碗和子饭喝了。

于是在杂乱的人群中，他勇士一般反其道，逆风而跑，逆流而奔。向着家，向着锅台，向着一碗和子饭，极速奔跑。

亲人们弃家而去。他无牵无挂，大刀阔斧，带着满身饥饿的力量，带着对小米的疼惜，向着家，冲刺。他一定是刚刚从地头回到家，跑出去又万般不舍那碗来不及端起的和子饭。也或许，隔三岔五的奔命，让他觉得依然可以侥幸一次。

总之，那个时刻，一碗和子饭的诱惑胜过生命的威胁。

他如愿，赶在日本人之前，端起了那碗和子饭。

多么喷香的一碗和子饭啊，就是他一路奔向的那个味道，就是老伴手里的味道，就是灶台温暖的味道，就是儿孙们簇拥的味道，更是饥肠辘辘的胃急需的味道。

可是，他以一饮而尽的姿势，被日本人堵在屋里。彼时，他或许更希望，喝在嘴里的，是一碗浓烈的酒。

肠胃的惬意，戛然而止。我的曾祖父，他不慌不忙，就在日本人面前，从容喝完那碗和子饭，如饮酒一般酣畅。之后，他摔碎了那只给了他最后温暖的碗。

爷爷们发现他时，不粘一粒米的碎裂瓷片，躺在他腿边。曾祖父千疮百孔的身体，浸泡在自己的鲜血里。

就像一块好好的布，被一刀一刀划破。姑姑一手捂着心口一手从脸到身体上下划动，形容她的爷爷。

血，还在流，尽管已经染红地。

奔六十的曾祖父，以鲜红的形象出现在家人面前。

哪里敢哭？姑姑就是讲到这里，一边落泪一边大口喘气。她说，那个连大气都不敢出的年代，哪里敢痛快地哭？她带着恨带着怒地大声叹息，像是将自己父亲当年堵在心里的山洪畅快打开，让委屈与遗恨决堤而出。

扔下挑担的爷爷与他的哥哥，迅速推开母亲，把他们的父亲裹进破席子，悄然抬进对面山坳里。曾祖父的三个女儿出嫁在外边的村子，还有两个小儿子不在身边。几个小时的时间，曾祖父完成了从去世到出殡的所有仪式。他全部的孝子，就是我的两个爷爷。他们抬着这具沉重的躯体，一前一后，用沉默的眼泪，护佑着父亲。

一个简易的坑，安放了他们的父亲。心头唯一释然的，或许是他们的父亲胃里毕竟还有一碗和子饭暖身。

回家的路，血迹斑斑，泪水涟涟。

姑姑说，曾祖父被抬走时，甚至没有洗把脸。

夜晚，一家人收起灶台边的碎片，铲除了血染的地面，围坐在屋里，胆战心惊地猜测着曾祖父的死。曾祖父的身上，从上到下布满刀眼。曾祖父走了，性格还在。他们知道，一定是暴脾气的曾祖父激烈地反击了日本人。那时候鬼子进村，无非是想寻找八路军，无非是让老百姓当带路人，无非是寻找粮食。曾祖父不仅不会带他们找，或许早想当面发泄一下埋藏在心中的愤恨。也或许，他还大喝一声：即便死掉，也不能让亲手种下的粮食喂进狗嘴里！总之，曾祖父一定是气势如虹，气壮山河，慷慨激昂，句句刀箭般穿心。

刀，在鬼子手里。带刀的日本人，怎能容忍被一介草民如此辱骂如此轻视。于是，钢刀，齐刷刷刺向他的肉体，速度比他奔向一碗和子饭快千百倍。曾祖父一定是边倒下边痛骂，直惹得钢刀越来越愤怒，直到刺满周身，直到他再也无法出声。

那个晚上，曾祖母一定哭着骂了曾祖父，骂他一如既往的倔强，骂他把性命丢在一碗和子饭上。然而这就是我的曾祖父，可为一碗和子饭折腰，却不会为一条命向鬼子低头。

在我的家乡，一定有许许多多像我一样的人，他们的先辈都以这样的方式壮烈地死在脚下的土地上。他们不是杀敌英雄，却死得荡气回肠，骨气长存。

1968年，我的曾祖母在爱人的鲜血阴影里独自生活了二十多年后去世。那一年，我爷爷已经五十四岁，即将到他的父亲去世的年龄。他们携儿带女，跪在父亲散乱的尸骨前，在旷野中痛哭流涕。

母亲记得清楚，那一天，是腊月初九。山里的寒风，彻骨地吹。

曾祖父，终于入了棺木，有了从未盖过的崭新棉被包身，温暖地与老伴一起，庄重地在寒风里体面上路。

二十四年后，他崭新的棺木后面，孝子贤孙排成了长长的队伍。然而哭声最恸彻的，还是我的爷爷，与他的哥哥。

我的两位爷爷，把父亲埋入土里，又挖出来，再埋进去。在一次比一次隆重的仪式中，安抚着父亲身体的痛楚，告慰着父亲含恨离去的魂灵。

小时候，常常缠着爷爷讲故事。爷爷七拼八凑的故事里，也夹带着不少关于日本人的事。爷爷说的就是，他挑着我的父亲与大姑，回头还要一把将矮小的奶奶夹在怀里；爷爷还说，那副挑担就在炕头边，一有消息随时飞身下地，把睡眼蒙眬的孩子塞进挑筐里。爷爷的故事不仅没有伤悲，倒让我们这些幼小的孙辈越听越有趣。爷爷的故事里，唯独没有出现过曾祖父。现在想来，他当初间或紧锁的眉宇间，夹满对父亲的遗恨与怀念，充满对孙儿的呵护与关爱。而来自他父亲的血腥，一生被死死压在心里。

今天，我听得惊恐万分，痛心疾首。因为那是1944年，因为再过一年，万恶的日本人就要耷拉着脑袋滚出这片土地。我的曾祖父，他的胃如果可以忍一忍，他的倔强如果可以收一收，便能看看这新社会，便可以与我的曾祖母一起，在温暖的炕头上进入1968年。

一碗饭，一条命。这，或许就是曾祖父的命数。

遗憾我未能在曾祖母离去之前出生，否则也可以从她的影像里窥得一丝丝曾祖父的影子。努力想，模样却是我爷爷。或许，曾祖父的模样也真如我的爷爷。只知道，他膝下有七个孩子，四子三女。今天，他最小的儿子还在世，已经八十六岁。幸好，这个我叫四爷爷的他的小儿子还在世。

我的四爷爷，长相也酷似我的亲爷爷。

回乡问过，我的曾祖父，名叫蒋存富。

他是我的曾祖父。

他不仅仅是我的曾祖父。

一只母鸡的苦难

题记

令我无比吃惊的是，出来的鸡蛋竟然是软的，外表像是一层一触即破的薄膜，与我平时从鸡窝里取走的鸡蛋并不一样。

一直，我都是一个安静的小孩。然而小孩，总有淘气的时候。

我的淘气，源自孤独。

人一孤独，就要找事，何况是一个本就不该闲下的孩子。

夏日午后，大人们都睡了。妈妈也曾把我按在炕上，逼我睡。可我就是不想睡。我不明白大人们为什么总喜欢午睡。用晚上的时间睡觉，难道不够？

躺在炕上，自然是翻来覆去，不仅毫无睡意，反而越来越清醒。

终于，妈妈没熬得过我，沉沉睡去。

迅速爬起来，走到院里。可是，在这样一个炙人的午后，我能做些什么?

连鸡，连狗，也昏昏睡去。

整个村子，没有一丝响动。

突然，我听到扑棱一声。扭头，一只鸡飞上窗台，正在进入下蛋的窝。

大中午的，它要下蛋?

蛋，是怎么下出来的?

这个问题，突然就冲进我脑子里。我常常从几个蛋窝里取鸡蛋，却从未见过鸡下蛋。从几个蛋窝取蛋，是因为鸡们并不听话，还有点喜新厌旧，下蛋的地方总是换来变去。给它们做了窝，它们偏偏就要跑到别的地方，有时下到别人家的蛋窝里，有时甚至下到半坡上的草里。我不知道鸡们是怎么想的，只能在听到它们跑回院子里咯咯着邀功时寻来找去地找它们下的鸡蛋。有时候，它们并不遵循这样的规律。比如有一段时间，妈对一只许久不下蛋的鸡产生了怀疑，嘱咐我没事就盯着它，看它是不是把蛋下在了不该下的地方。我对这个活儿倒十分感兴趣。耗时几天，终于跟着它到了屋顶上的一片荒草里。天哪，它不仅在十几分钟后下出一颗蛋，而且这片荒草的窝里还有十几颗蛋。

我把衣服脱下来，以无比骄傲的姿态抱着这些“战利品”回去，乐坏了妈，犒劳了鸡。

从此，我便很关注我家的所有母鸡。只要它们隔几天不在院里的窝中下蛋，便跟踪它们，把它们下在外面的蛋找回来。

今天正要下蛋的这只鸡，便是那段时间在屋顶荒草中下蛋的鸡。自那次缴获了它悄悄筑就的蛋窝之后，它又乖乖回来了。

现在，它要下蛋，就在我家窗台上的蛋窝里。

悄悄地，我摸过去，蹲在蛋窝下面。确认它没发现后，我偷偷站起来看。好在，它恰好头朝里，屁股朝外。哈哈，我心里一乐，我竟要亲眼看到鸡下蛋。这件趣事，一定是我的同学们想不到的，去了学校，一定给他们慢慢讲来。

狭窄的鸡窝里，鸡慢慢站起来。我又惊奇了：鸡下蛋，是站着的?

顾不得多想，也不敢出一声大气，我全神贯注盯着它的屁股不敢眨眼，心里却又忍不住想，那么大又那么硬的一颗鸡蛋，小小的鸡屁股怎么就下出来了？会不会流血?

突然，我看到，鸡蛋露出了头，稍稍有些发黄。看得出，鸡很用力，半蹲着。慢慢地，露出来的鸡蛋越来越大。令我无比吃惊的是，出来的鸡蛋竟然是软的，外表像是一层一触即破的薄膜，与我平时从鸡窝里取走的鸡蛋并不一样。

软蛋？我突然想起大人们常说的这个词。莫非，这只鸡今天不正常，要下一颗软蛋?

蠢！我不禁在心里骂它。一边骂，一边再看。随着鸡蛋露出来的体积越来越大，鸡用的劲也越来越大。那一刻，我突然又有些同情它，甚至想帮帮它。鸡蛋是软的，它怎么竟也如此吃力?

可我仍不敢惊动它。妈说过，正下蛋的鸡，一旦受了惊，便会好久好久不下蛋。我爱吃鸡蛋，一定不能惊了它。

忍着。继续看。我甚至在心里想，即便鸡只是下了一颗软蛋，我也一定要好好犒劳它。我从来不知道，鸡下蛋会这么辛苦，我甚至在那个瞬间想到了女人生孩子。

加油！我在心里默默为它用力。它自己也一直在用力。

终于，鸡蛋软软落在了厚厚的草里。

更加神奇的是，落地后的软蛋，竟在我的注视下很快变硬，硬得像我每次取回家时一模一样。

有些不敢相信自己的眼睛。鸡蛋，又硬了？那么每次取回家的鸡蛋，竟不是原有的模样?

或许连大人们，都不知道这些。

一颗心，就在蛋窝前怦怦狂跳。多么神奇的一幕，竟然被我尽收眼底。我甚至想，说出这些，没见过的人会信吗?

鸡也慢慢恢复了体力，转过身来，满足地卧在鸡蛋上面，小憩。

我又蹲下，悄悄撤离，回家抓了满满两大把玉米。

出得院来，鸡也抖抖翅膀，飞下了地。同时，不忘向主人报喜。

“咯咯蛋——”

妈被吵醒，骂一句：大中午的乱叫！

我举着热乎乎的鸡蛋跑进屋告诉妈，它刚刚下了一颗蛋，先是软的，后来才变成硬的。

妈怔怔看着我：什么软的硬的？死鸡，吵死人！

我极力想给妈描述清楚整个过程，可妈并不想听。

妈不知道，它看似只是下了一颗蛋，其实还经历了一场苦难。

游戏里的英雄梦

题记

四周瞬间归于寂静。屋里的大人不知道，窗外黑暗中，一个小英雄正咧嘴欢笑。

“猴儿，回来！”

少时，常常听得下院婶婶这样喊儿子，外加一句：“看冻死呀！”

“妈，不冷——”猴儿知道母亲不会真生气，头也不回应承着，依然专注在雪中一只麻雀身上。

猴儿的大名叫赵小文，也像一个小名。他动作敏捷得像常常来村里“耍把戏”的那只猴儿，大人便这样叫他，村里所有人便都这么叫他。

到上学年龄了，猴儿的心思却不在读书上，不在认字上。他时时去找一本本小人书看，且专爱看打仗的。无事的时候，他坐在阳光里给我们这些大大小小的孩子讲述那一支支队伍、一群群兵以及那种不是你死就是我亡的惨烈场面。

我们这些女孩子怕，他与一帮男孩子却在内心种下了一粒粒闪耀的种子，那就是英雄。

谁都想做胜利者，尤其是男孩子们。没有枪，没有武器，怎么办？便抓来鸡。按照约定到来的这一天，家里的男孩一定主动要求早早起床完成放鸡的任务。憋闷了一个晚上的鸡儿昂首出窝，最骄傲也最厉害的那只，突然就被男孩的手抓住，将两只翅膀向上一扭，拎着溜出院门。

前一天说好的对手早已鬼鬼祟祟等在路口，后面还跟了好几个。相视偷眼一笑，跑向一个空旷的僻静处。

抓在手里的鸡，远远就看到另一只同类迎面而来。起初是不屑，然而两只手却执意将它们亲密地凑在一起。

都是公鸡，有啥可亲密的？于是，“你碰着我啦”！其中一只正饿得咕咕叫的便在心中怒吼着，一张口啄上对方肉乎乎的鸡冠。

“呀！疼死啦！”另一只终于火了，“谁稀罕挨着你？神经病啊！”

成功！两个男孩就这样轻易触怒了两只鸡。他们知道，不需要束缚，鸡不会再跑了。它们雄性的斗志已被激发，于是放鸡到地上，一场恶斗就在这样的清晨激烈地展开。

两个男孩当然不会闲着，各自拼力激发着自家鸡的斗志，贡献着鸡们其实听不懂的策略。跟来的小看客们在观察后也有了各自的倾向。于是鸡们激烈地打，男孩们猛烈地吼。一方空间里，摇旗呐喊，加油鼓劲，地动山摇。

当然，每一次都是血淋淋收场。战胜的公鸡，被主人与追随者英雄般抱在怀里，再抓一把早已藏在破烂口袋里的玉米粒谷壳出来作为奖励。战败的，便无精打采独自疗伤，连主人也会扭身弃它而去。

无论胜者还是败者，不久后都会被家里真正的主人发现，于是一边吼骂着“小祖宗”，一边拎着扫把满院追打。

时时如此，然而斗鸡的游戏乐此不疲。

除了斗鸡，还有“打孩儿”“辟棒儿”等。

“打孩儿”的家什，就是一堆石块。男孩们分成两组，在地上画一条线，然后站在同一位置分别把手里的石块扔出去，谁的石块离那条线最近，谁就成为“头家”，可以第一个出手。头家脸上挂着胜利的笑，弯腰，瞄准，依旧用手中那块“宝石”，向伙伴们竖在地上的石块一一瞄准。手中的石块，彼时已不再是一个小小的石块，而是一枚精良的武器。地上的石块俨然成为一个个敌人，因此小伙伴脸上的笑会一晃而过，很快换上仇恨的表情。

咄咄逼人的眼神下，啪！啪！啪！手起石落。不幸被打中的，主人便成为战败的俘虏，乖乖出来跪在地上，接受“处置”。游戏继续进行，直到后面同组的伙伴有了机会反攻并勇猛地砸中对手，才可以把跪着的“俘虏”救起。

“辟棒儿”也是同理，男孩们将搜集起来的光滑油亮的高粱秆棒棒拿在手里，每人十根，或更多，集中放入地上画好的一个圈中，小山般堆积起来。还是“打孩儿”的方法，先胜的“头家”站出来，还是手中那块“宝石”，瞅准位置啪地击向棒棒堆。那一刻，一堆棒棒便是一伙企图进攻的敌人，只是它们想不到，一颗炸弹正精准地投来。

“轰——”一声，炸弹准确落入瞄准位置，被炸中的“尸体”纷纷飞出圈外。

一个流程结束后，圈外的棒棒们就归了胜利者。输掉的，就又要吭哧吭哧跑去地头，或钻进父亲挑回的高粱秆中，一根根再磨新的武器，再等下一场战争。

这些“战士”用的武器，最值钱的是真的钱，是或软缠硬磨，或偷偷摸摸，从娘手里弄出的几枚“小钱儿”，就是中间带一口小方孔的铜钱。男孩们用铜钱玩的游戏，叫“溜小钱儿”。“溜小钱儿”的头家是这样产生的，一块长长的光滑的石头，斜斜地躺在一处，然后一个一个，依次将手中的“小钱儿”顺着石头“溜”下去，谁的最远，谁就成为“头家”。之后其余人将各自的小钱儿布在锁定范围内不同位置。一切就绪后，头家就出手了，刚刚获胜的那枚“小钱儿”就成为一枚“子弹”，自己的手便变成一支枪。举起，瞄准，射击。精准砸中的，那枚小钱儿便归自己。然而如果技术不精湛，又恰好落入“敌人”的“射程”内，那么对不起了，这枚失败的“子弹”便要成为对方的战利品。

一场场“战争”之后，有人欢喜有人忧。欢喜者更勇猛，忧愁者更想“复仇”。一场又一场，便连绵不断，在宁静的山村热烈地上演。

相关游戏，还有打麻雀。猴儿家院中有一棵楸树。一到晚上，麻雀便飞回树上，叽叽喳喳互相交流着一天的收获，吃了谁家几颗小米，偷了谁家几粒谷子。它们不知道，树下一双眼睛早已盯了它们许久。

一个优美的弧线，一声沉闷的响动之后，一只麻雀“中弹”落地。

四周瞬间归于寂静。屋里的大人不知道，窗外黑暗中，一个小英雄正咧嘴欢笑。

早晨的味道

题记

鸡们也吃饱了，三三两两相跟着散向院子外面的庄稼地，山坡上。没了孩子们和鸡狗的院子，也没了那么多生气，却多了难得的清静。

记不清鸡鸣了几次之后，不同屋里的孩子们就开始被各家大人的一只手推，先是轻轻地，再后来就成了狠狠地，还夹杂着几声责怪。

赖床的孩子们，一个个热乎乎的身子被从被窝里揪出来，坐在炕头依旧哈欠连天。及至坐上很长一阵完全醒过来，才慌得快速找被压在被子下卷在炕角的衣裤，穿着系错扣子的衣服下地，草草到早已为他们准备好的脸盆里撩一把，水珠都不擦便拎起书包跑出家门。

院子里，鸡们刚刚被放出来，正在用力抖动被挤压得有些不成形的羽毛。有一只估计也是在夜里被挤狠了，竟跑过来用力啄了一下另一只的脑门。这只一下被激怒了，反身回击。两只鸡就这样毫无征兆地在清晨的院子里打起架来。一些鸡躲得远远的，一副见怪不怪事不关已的姿态；一些鸡却忍不住驻足观看，嗓子里还咯咯着似乎在助威，更进一步点燃了双方的怒气。正激烈时，女主人将几把玉米哗地撒在院子里，事不关己的鸡们早已看到，哗啦一下冲过来；驻足观看的鸡们也迅速扭身，加入抢玉米的行列；打架的两只鸡立时有了些尴尬，只是它们挺直的脖子、张开的鸡毛和发怒的鸡冠一时难以恢复原状，依旧直愣愣对峙着。很快，其中一只忍受不了玉米的诱惑，抢先解除了武装，迫不及待地冲进那一堆鸡里。另一只，终于也无法坚持，不情愿地松了下来。很快，它便忘记了刚才打架的事，竟然挤在与它对峙了许久的那只鸡旁边，温暖地一起吃起来。

狗早就睡醒了，或者整个晚上它都没有好好睡，然而它总是最清醒的。看到鸡们吃得津津有味，它扁扁的肚子也有些受不了了。然而它的早饭还要等至少一个时辰，要等到孩子们早自习回来，等到男主人从地头回来，等到女主人忙完早晨的杂事做好早饭，还要等到主人一家吃完饭，剩下的饭才能到了它的盆里。也因此，这个早晨，它极度清闲也极度无聊，于是忍不住要去挑逗一下那些吃得津津有味的鸡。它摇摆着踱到鸡们中间，把鸡们惊得咯咯叫着四散跳开。及至看清了是与它们朝夕相处的狗时，鸡们便不再害怕，继续把头伸向地上的玉米。可狗似乎对鸡们的不在意感到生气，竟猛地跳了一下，又吓得鸡们大大后退一步。多年来它们虽然和睦相处，然而鸡们还是有些摸不清狗的脾气，脑子里也会不由得浮现出狗与狗之间凶狠的打斗，更会想到曾经狗与一条狼之间血淋淋的你死我活的争斗。鸡们真的不敢再去啄地上的玉米了，只呆呆地警惕地看着狗。这个时候，狗却突然自己感到无趣。或许它已经意识到了，吓唬一群弱小的鸡，算什么本事？于是它害羞地一低头，夹着尾巴跑下坡，去找下院的狗玩去了。

院子下面的小路上，几个孩子飞快地跑着，到了一个路段，齐刷刷隔过一地玉米朝着对面喊：

“小兵，快走!”

“香香，要迟到了!”

“来了——”被喊到的孩子，往往也是披头散发，边系扣子边提鞋地从玉米地边缘的小道上飞奔向喊他们的孩子。刚才喊过了的孩子们并不彻底停下来等，一直在用较慢的速度前行，后面的孩子便越发快速。其间有人发现鞋带还没系，有人也会把本就没拿稳的书包掉地上，然而他们总是低头迅速拾掇好这一切，很快追上前面的，于是一群更多的孩子便甩开双腿快速跑起来，嘻嘻哈哈跑向学校。

鸡们也吃饱了，三三两两相跟着散向院子外面的庄稼地，山坡上。没了孩子们和鸡狗的院子，也没了那么多生气，却多了难得的清静。

孩子们放学回来前，妈妈们手头还有大把的事情要做。早晨走得急，孩子们根本没有好好洗脸。吃完早饭，她们必要逼着孩子们一个个把脸洗干净，包括脖子。妈妈们总是想不通，孩子们为什么总是不爱洗脸，更不爱洗脖子，这件事情，她们已经做了一年又一年。没有别的办法，只能一年又一年持续做下去，直到孩子们彻底长大，直到孩子们也有了自己的孩子。

妈妈们想了这样想那样，手下的速度却丝毫没有慢下来。院子里那些树叶、鸡粪和杂物已经被她们扫出院子，扫至院子外边的坡下面。鸡们有一些正散在半坡，认真地刨拣着什么东西。灶台上锅里的水开了，妈妈们于是一溜跑回去将暖瓶灌满，然后把小米、南瓜、红薯统统丢进锅里。

开水很烫，妈妈们还是不敢太多耽搁，开始和玉米面。一股水倒进去，一只手也紧接着进去，几次被烫得甩来甩去。然而玉米面，也让这滚烫的开水彻底浇出了独有的浓香。

一阵风吹进院子，顺带吹回几只鸡。透过窗玻璃她看到，那只花鸡正在它自己的蛋窝下徘徊。算算，今天是它下蛋的日子，与它一起下蛋的还该有一只黄鸡和一只黑鸡。

对面山头上的地里，一位农者正往牛车上装掰了一早晨的玉米。牛仰了头“哞哞——”两声，不知道是叹一大早的辛苦，还是替主人庆贺丰收的喜悦。

院子里的菜畦，西红柿的气味扑鼻而来。妈妈们要拣几个红透的摘下来，待中午放两颗新鲜鸡蛋进去，炸了酱拌面条吃。清晨的菜，她们也不假思索便想好了，摘几根黄瓜，拍两瓣大蒜拌个凉菜；再摘两个小辣椒，采一根葱，把院子里裹着泥的土豆洗两个切丝，一小盆尖椒土豆丝瞬间便现成了。

菜畦里一些豆角、茄子、青椒都该摘了，不过早晨的时间已经没有了，留给上午吧。

土豆丝的香味出来的时候，她们远远望见通往村里那条小路上，一些孩子的身影忽隐忽现。

回屋，起锅。按人头一碗碗盛满上桌。

不一阵，院子里便热闹起来。归家的孩子还带回了狗。有孩子已经等不及，像早晨起床后一样应付着洗个手便冲进屋里，冲到餐桌边。孩子们大多在桌前坐不住，他们甚至提起碗把稀饭和南瓜红薯倒回锅里只剩下“煮疙瘩”，再把一些拌黄瓜及土豆丝夹进碗里。

“一会儿再喝汤！”边往院子里跑，边不忘向妈妈解释一句。

狗早在院子里等不及了，见小主人们出来，摇着尾巴等在脚边。小主人也毫不吝啬，一扬手便丢出一个“煮疙瘩”，末了还偷偷回望一眼屋里。大多时候，妈妈和爸爸都看到了，并不吭气。

一些鸡们也闻着味道再次回到院子，围在小主人身边。为了与狗争得一星半点吃食，常常是满院鸡飞狗跳。

头顶，一架飞机隆隆着缓缓飘过。

孩子们抬头，猜："是飞到国外的吧？"

另一个便嘲笑："谁告你非得飞国外？飞海南岛也要飞机啊！"

前面的回："倒像你很懂似的！"

另一个："我长大肯定能坐飞机，你信不？"

前面的便哈哈大笑："晚上梦还差不多！"

于是，你一言我一语吵得面红耳赤，直到妈妈们再也忍不住出来吼停。

至此，这个清晨才彻底鲜活起来，这个院子也才迎来一天中最为生动最为精彩的开篇。